生存力强大，孩子才强大

不一样的日本教养

蔡庆玉◎著

朝华出版社
BLOSSOM PRESS

版权登记号：01-2017-1699

图书在版编目（CIP）数据

生存力强大，孩子才强大：不一样的日本教养 / 蔡
庆玉著. -- 北京：朝华出版社，2017.5
ISBN 978-7-5054-3928-3

Ⅰ. ①生… Ⅱ. ①蔡… Ⅲ. ①家庭教育 Ⅳ. ① G78

中国版本图书馆 CIP 数据核字（2017）第 044066 号

生存力强大，孩子才强大：不一样的日本教养

作　　者	蔡庆玉　著
选题策划	博观世纪｜谌三元
责任编辑	刘冰远　赵　曼
责任印制	张文东　陆竞赢
封面设计	红杉林文化

出版发行	朝华出版社
社　　址	北京市西城区百万庄大街 24 号　邮政编码　100037
订购电话	（010）68413840　68996050
传　　真	（010）88415258（发行部）
联系版权	443402818@qq.com
网　　址	http://zhcb.cipg.org.cn
印　　刷	北京玥实印刷有限公司
经　　销	全国新华书店
开　　本	889mm×1194mm　1/32　　字　数　109 千字
印　　张	6.75
版　　次	2017 年 5 月第 1 版　2017 年 5 月第 1 次印刷
装　　别	平
书　　号	ISBN 978-7-5054-3928-3
定　　价	32.00 元

自序

　　我毕业后在东京的外商广告公司上班，闲暇之余，或到处旅行，或谈谈恋爱，或享受美食，或看书写作，单身生活过得快活而惬意。

　　不过，我对人生还是有规划的：30岁时结婚，31岁、33岁时分别生了然然和悦生。感谢老天爷，让我如期、圆满地实现了这两项规划。让我没想到的是，从此，我再也体验不到单身生活时那种快活、惬意的感觉了。

　　我从一个性情潇洒、做事干脆的女人，变身为一位整天紧张兮兮的妈妈，经常无端地怀疑周围的人、事、物。"这东西干净吗？""这里有没有危险啊？"迎面而来的是人生从未遇到过的迷惘不安。夜深人静时，我老揪着心问自己，这样做到底对不对？总觉得自己的人生再也无法像过去那样可以由自己做主、自己规划了。即使做主了，也会出现很多突发的状况；即使规划了，也总是一场空。

生存力强大，孩子才强大：不一样的日本教养

而且，还有难上加难的事呢：孩子的父亲是日本人，我是中国台湾人，在教养孩子的观念和习惯方面，我们俩有很多不同之处。双方不同的观念和习惯，让我一时无所适从；双语教育的门槛，高到让我难以翻越。

我就像是三明治里的那枚荷包蛋，被两边的吐司夹得透不过气，蛋黄都被挤出来了。然而，危机也是转机。想法上的差异，激发了我思考的原动力，促使我去比较与分析哪种教育理念与做法更适合孩子。

我想和大家一起分享在育儿与教养方面累积的诀窍与心得。如果您和我一样处于育儿的辛苦之中，我愿尽自己的绵薄之力，以过来人的经历及经验，为您铺出一条平坦而且舒适的育儿之路；如果您一点儿都不觉得辛苦，那就请您为我加油吧！

本书涵盖了幼童从学龄前到小学阶段值得家长们思考与借鉴的内容。近年来，日本相当重视食育和体育，并致力于培养孩子独立思考的逻辑能力。另外，我也了解并亲身体验到了日本人是如何积累美感经验，如何培养国际观，如何做一位优雅的妈妈的。

放下、相信，其实就是一种力量。

退一步海阔天空。唯有"放下"，才有可能实现人生的一切

夙愿。当心地宽了，笑容也就多了。家里气氛好了，正能量增强了，凡事就会顺顺利利，水到渠成，一切烦恼都会迎刃而解。

孩子有较大的独立空间，能自主地发展，有时比被家长盯得紧紧的，更表现优异。相信孩子做得到，就会让他从内心中爆发出一种力量；孩子认为自己做得到，就会渐渐地拥有自信。在学习或生活方面，遇事就会"用头脑想一想"，从而养成思考的习惯。要让孩子自己安排时间，自己去规划目标及实现目标的进度。毕竟，做父母的不能陪伴他们一生，未来的路，还是要靠孩子自己去走。

本书尚有许多欠缺之处，还请诸位读者多多指教。祝福诸位在育儿及教养方面，能轻松应对，享受人生。

目录

第一章
不怕风雨，不惧严寒酷暑：
生存力来自强健的身体

只有练就一副强壮的身体并具有坚强的意志，才有能力面对人生的各种挑战。

1. 练就强健的体魄——冬天不穿袜子

我家的老大然然是 2 月出生的，当时日本东京正值气温处于零摄氏度以下的寒冬。这对于我这个从小生长在四季如春的台湾妈妈来说，无疑是一个挑战。我把婴儿一层又一层地包得圆滚滚的，像球一样，掉在地上也不会摔疼他。出生在北海道的先生对此有看法，但又不敢直接说，经常趁我不注意时抱起孩子，不是脱掉然然的一件衣服，就是装作若无其事地把然然的小手套拿下来，或是不动声色地脱下然然的一只袜子。

我发现后非常生气：在气温零下的严冬，怎能这么做呢？这样做会让孩子感冒的。一旦感冒了，怎么办？

先生委婉地表示，在温度方面，给予婴儿适当的刺激，可增强他机体调节体温的功能。我对此半信半疑，于是请教在日本小儿科当护士的小祝太太，是否真的如此？她解释说：

第一，婴儿的脚是散热的地方，假如把脚包起来，致使体热散发不出去，身体就会因为产生湿气反而变冷。极端的例子中就有被冻伤的。

第二，足部是人的第二个心脏，是末梢神经感觉敏锐的地方，刺激脚底也会刺激到脑部。这个理由对于深信脚底按摩的我来说，非常有说服力。

第三，穿袜子可能会影响脚趾头的运动，甚至影响到腿部的发育。但是，冬天外出时，还是需要穿袜子来保暖的。不过，袜子不能太小或太紧，以免天长日久，改变脚的形状。

我恍然大悟。在美国常看到娃娃车里的小宝宝穿着可爱的"小腿护袜"，就像芭蕾舞演员套在鞋上方的那种袜套。市场上不难买到欧美品牌的婴幼儿童装，原本以为只是穿着漂亮好看，想不到这是个让小宝宝不穿袜子又可以保暖的好办法。难怪一位嫁给美国人的同学对我说，很多美国宝宝都只穿袜套。她生的是双胞胎，也是只穿袜套，换尿布时特别方便，可避免因耗时太久使宝宝着凉。与穿小长裤相比，穿穿脱脱很容易。

我知道了不穿袜子有这么多好处，对这件事就不那么排斥了，可就是狠不下心改变原来的做法。直到送然然上幼儿园的那天，我亲眼看到每个小朋友都光着脚，才真正信服了。日本的冬天，早晨在零摄氏度以下。然然进门脱完鞋子，挂好大衣外套，园长、老师们便请他脱掉袜子。木地板一尘不染，早晨的阳光透过斜上方一大排的玻璃屋顶，投射到这一群光着脚丫子、健康、活蹦乱跳的孩子身上，他们开心地在宽敞开放的大长廊里玩着游戏。因为没穿袜子，脚不滑，跑来跑去也不会跌倒。我回头看看窗外，细细的白雪，轻轻地飘落下来。

[冬天穿短裤]

在我的印象中，日本小男孩冬天时会穿着深蓝色短裤、长筒袜，双颊像苹果一样红通通的。在日本人的教养观念中，小朋友是"风之子"，应该是不怕风、不怕雨的。只有练就一副强壮的身体并具有坚强的意志，才有能力面对人生的各种挑战。儿童文学家宫泽贤治有一首广为人知的诗，描写不惧风雨的精神，常被刻在小学的校门口：

不畏风，

生存力强大，孩子才强大：不一样的日本教养

不惧雨，

不怕冰雪，不怕酷暑，

练就一副强健的身体。

有一位朋友从小在日本长大，他说每当冬天回台湾时，长辈们总会关心地询问他："为什么穿这么少？多加件衣服啦。"我听了不禁会心一笑，想想自己带孩子在台湾坐地铁时，好多不认识的人会惊诧地说："哎呀，怎么让小孩穿短袖衣服呢！"

[北海道的爷爷奶奶家]

在台湾出生的我，以前怕热又怕冷，在日本住了十几年后，身体渐渐地适应了当地的气候，即便不穿太多衣服也不觉得冷了。冬天放寒假时，到北海道的爷爷奶奶家串门，大地一片白雪皑皑，气温达到 –10℃。我跟悦生宝宝穿着长靴，一边玩雪，一边去马路对面的书店买东西。当时身上穿的跟我在台湾时穿的一模一样，一件保暖衣加套头毛衣，外出时再穿上一件轻羽绒外套，只多了一双手套和一顶帽子，但一点儿也不感到冷，只觉得下雪天的空气冰凉又舒服。我在北海道时，除了御寒之外，更注重的是防晒。北方冬日里太阳光的紫外线指数很高，我的脸一晒就长满雀斑。可别小看冬天的太阳噢。

我的先生认为，穿太多，身体的抵抗力会变弱，反而容易感冒，而且难以痊愈。我根据自己的实际经验，也慢慢地相信了身体的御寒力和意志力都是锻炼出来的。在台湾，"草莓"[1]这么丰收，是不是小时候没让他们穿短裤抵抗风寒的原因呢？

2. 精选的天然食材——孩子的第一口食物

[慎重的第一口苹果泥]

我的日本婆婆是大学的家政老师，有了第一个孙子然然，当然开心得不得了。于是赶紧拿出她当年的教学笔记，回忆年轻时的育儿经验，准备大显身手。

在日本，小宝宝大约 5 个月时就开始吃辅食，通常第一口

---

[1]　台湾称温室里长大、被过度保护的一代年轻人为"草莓族"。

食物是苹果泥。我为了迎接这历史性的一刻，专门挑了"黄道吉日"，拿出早就买好的、婴儿专用的磨苹果泥工具和软汤匙。

那个准备给小宝宝下肚的苹果，是先生在超市里从一个个包装精致的高级苹果中用心挑选出来的，有机栽培，甜度高。上面还写有农夫山田的名字，真是谢谢这位山田先生培育出这么优质的苹果。爸爸一回到家，就赶紧让然然跟苹果合照留念。我则很兴奋地将这个"世界一"[1]洗到快脱皮了，才开始磨苹果泥。

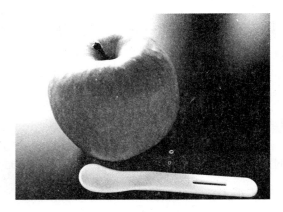

这类苹果很普通，是树上几千个之一；
这个苹果很特别，是然然的第一口食物

---

[1] "世界一"是日本一个苹果品种。

说是第一口食物，其实只是苹果泥中很有限的果汁部分。然然一闻到苹果的香味，便睁大眼睛，露出期待的表情。我轻轻地把一小汤匙现磨的苹果汁靠近然然小小的嘴巴，他马上本能地张开嘴巴，一口吮光。然后满足而又开心地笑起来，看样子意犹未尽，还想喝。看着然然贪吃的可爱模样，我为他有能力初尝人间美味而欢欣不已，同时也在内心，祝福他一生不愁吃穿，永无匮乏之忧。

[初尝仪式]

听了我的讲述，很多台湾朋友都觉得太夸张了。其实，慎重地对待孩子的第一口食物，在类似我们家这样的家庭里是一件极普通的事情。日本人在宝宝出生后 120 天左右，会举行一个叫作"初尝"的仪式。这是从江户时代开始的传统，祈求上天保佑这个孩子身体健健康康，一辈子有饭吃。仪式很讲究，要用高级的漆器。男孩用红色的漆碗，女孩用黑色的漆碗。

在现在这个年代，特别是在日本这样一个社会福利好的国家里，很少有人没饭吃，但我还是很喜欢这样的仪式，对生命中第一次用餐的慎重，深深地蕴含着人们对上天和食物的感恩。在台湾，对于宝宝吃第一口食物这样的事情，好像并不是特别在意，大家比较注重的是满月抓周的结果。

[台式辅食]

我小时候对辅食的印象是，住在巷口的一位老奶奶捧着饭碗，站在走路摇摇晃晃的小孩面前，一边喂饭，一边跟邻居聊天。等到小孩大了，开始跑来跑去时，奶奶还是拿着同样的饭碗，一边喂，一边聊天，只是多了一句："别走啦，赶紧来吃饭！"

每当有熟悉的左邻右舍寒暄道："你的孙子又长高、长胖了。"奶奶就会自豪地对人家说，她用大骨熬的汤非常有营养，还加了小鱼干、猪肉、菠菜、胡萝卜、洋葱……每次都要说上几分钟。那一碗添加了许多食材的汤，让人感受到的是奶奶对孙子满满的温情和无微不至的呵护。

第一章　不怕风雨，不惧严寒酷暑：生存力来自强健的身体

[然然的婴儿套餐]

奶奶给孙子然然煮的辅食，需一样一样地端上饭桌，就像日式定食^[1]或法式套餐。

她告诉我，这个阶段的宝宝，吃饭还有一个目的，就是要训练他的味觉，让他记得各种不同食材的味道，所以每个菜都是单独做的。这不像台湾的做法，把所有的食材一锅炖。

然然的日常饮食，主菜是鸡胸肉煮牛奶，副菜是炖南瓜和吻仔鱼凉拌海带，甜点是酸奶，餐后水果是香蕉泥。每道菜都分放在不同的碗盘里，像大人吃定食一样。

对日本人来说，吃饭不仅仅是为了填饱肚子。日本有句谚语："用眼睛吃。"美食要用眼睛享用。像怀石料理，不但食物精致，而且很讲究餐具的摆设。婆婆认为，孩子从小用的餐盘，也是一种美感的训练，能够增进孩子的食欲。

---

[1]　日式定食：可译为"日式套餐"。每份饭都是250克，配料的分量参照科学的标准。

生存力强大，孩子才强大：不一样的日本教养

[调教有"品味"的孩子]

蒋勋老师在《美的觉醒》这本书中提到，味觉的训练，对于口腔正处于发育期的婴儿来说，尤其重要，因为他们的其他感官还没有发育成熟，其记忆是靠味觉去尝试很多食物形成的。难怪婴儿都喜欢把东西往嘴里放。因此，培养一个有"品味"、有美感的孩子，首先要从味觉的训练和记忆开始。

"美"这个字在《说文解字》里的解释是"羊大为美"。日本的汉学家认为，这个字可能源自古人在吃羊肉时，从味觉上所得到的一种感受，然后把这种感官上快乐和满足的经验，称为"美"。

[练习小肌肉，增加手的触感经验]

在然然还不能握好小汤匙之前，奶奶就尽量让他用手拿食物吃。这样吃相不佳，而且会掉的满桌满地都是，我觉得还是喂食好，既吃得快又好收拾，但当我看到邻居家也都是让婴儿自己吃饭时，只好入乡随俗了。为了让然然拿食物方便，我会

把食物切成长条的形状，如吐司小条、鲔鱼小条。然然一岁多的时候，我试着让他吃肉松，但是然然讨厌吃这个东西。然然奶奶也认为肉松是加工品，不宜多吃。她比较主张食用天然的食品。

[纳豆宝宝]

我家的老二悦生宝宝从一岁开始就非常喜欢吃纳豆，直接吃或是配饭吃，能吃掉一整盒。纳豆营养价值高，含有很丰富的植物性蛋白质，一点儿不比牛肉之类的食物差。纳豆非常下饭，只要一盒，我就可以吃光一大碗饭。和日本单身上班族一样，我家的冰箱里也随时存有纳豆，没有什么菜的时候，就用它来佐餐，既方便又营养。

[大骨头汤]

在日本，电视里看不到奶粉的广告。除非补充营养所需，否则一般家庭很少让孩子喝配方奶。身形瘦弱的然然回到台湾时，有人见了就会说："哎呀，怎么这么瘦呀！要吃得胖胖的！买一些大骨头熬汤喝。"

生存力强大，孩子才强大：不一样的日本教养

说到大家都推荐的大骨头汤，在日本一般家庭的餐桌上很难见到。我家附近的超市几乎看不到大骨头。我问先生哪里可以买到大骨头呢？他说一般超市是买不到的。不用麻烦，下班直接去吃豚骨拉面（一种用猪大骨煮的汤）就行了。我向他解释道："买大骨头是给然然熬汤用的。咱们抱着两岁的宝宝去拉面店吃又咸又油的食物，肯定会被人笑话的，而且恐怕还没等咱们出门，然然奶奶就会先昏倒吧。"

[讲求天然]

在买不到大骨头熬汤的情况下，我想，那就买成长配方奶补充营养好了。可是，先生提示我，不用买营养品，喝鲜奶就可以了。他以他的标准，并不觉得然然过瘦。虽然我极力解释小孩子应该像米其林宝宝一样，胖嘟嘟的，但总是难以达成共识。

我仍不放弃。回到台湾的时候，听到妈妈的一位朋友说，她自己天生瘦瘦小小的，儿子却长得白白胖胖的。于是我按照她给我列的表，到药店买了一堆瓶瓶罐罐的婴儿用维生素。

回到日本，先生生怕我不高兴，轻描淡写地对我说，人工

的东西有必要让小孩吃吗？对此，我也拿不定主意。后来仔细一琢磨，觉得先生说的不无道理。在台湾人最喜欢的日本药妆店里，治疗感冒、肚子疼、肌肉酸疼等疾病的药品应有尽有，养生、美容一类的保健品多种多样，可是婴儿用的维生素却少之又少，仅有大家常见的儿童鱼肝油，也就是很多人小时候都吃过的黄色椭圆形物体。

日本人根深蒂固的观念是，均衡的营养必须从食物中正常摄取。近年来，成年人很流行吃各种维生素类保健食品，但对儿童来说，还是天然的更好。

我家的汤底

日本的汤底大多是用海带片或小鱼干泡煮出来的。海带片在煮之前不能刷洗，以免营养成分被洗掉。海带片下锅后，待水一烧开，把它捞出来。晾凉后和六七个小鱼干一起放进装满水的小塑料瓶里，然后放进冰箱里冷藏一夜，第二天早晨就可以用来煮汤了。

3. 触觉刺激脑部发育——小孩天生爱玩沙

[育儿的文化冲突]

我结婚之前在东京的外资广告公司工作了将近 10 年，对于日本企业文化、工作模式，有一定程度的了解，很少有不适应的地方，但是嫁给日本人，生了宝宝之后，才感觉到所谓的文化冲击。

我先生出生在北海道，在京都大学读书，毕业后在东京近郊工作。他在日本的北边、西边、东边都生活、工作过，现在又娶了国境外之南的我，接触过各地的风土民情，因此我一厢情愿地认为，他的观念应该很正确，想法会比较中肯，不会有偏颇。我的婆婆是大学的经济、家政老师，对育儿教养和保健卫生方面有很多专业性的见解，并掌握了一些医疗级的标准。在这样的家庭环境下，我应该放下心来，不要有太多的顾虑。虽然有时对他们的做法不以为然，但表面上还是轻描淡写地说："这样呀。"

第一章　不怕风雨，不惧严寒酷暑：生存力来自强健的身体

　　然然快到一岁的时候发生了一件让我很震惊的事。我去超市买菜回来时经过家附近的公园，看到儿子坐在"沙堆"里，奶奶在一旁面露慈祥和蔼的微笑看着孙子。天啊！那不是海边沙滩上的白沙，而是类似工地上那种黑黑的沙子。我一个箭步冲过去，抱起灰头土脸的然然，快速地拍掉他身上的沙子，飞奔回家，直奔浴室，将他从头到脚冲洗了好几遍，再用除菌消毒纸巾反复擦拭，直到确定他的指甲里及身上一粒沙子都没有了为止。

　　我实在是不懂，婆婆为什么要让小宝宝玩沙子？对于在台湾大都市长大、从小被灌输不要乱摸东西的我来说，沙子是不干净的东西。在我小时候那个年代，玩沙子是那些所谓不乖的孩子才会做的事。

　　吃晚饭时，我用近似"告状"的口气对先生说："你妈妈带小孩去玩沙子了。"谁知，他听后抬起头来，问我："有照片吗？"我心想，什么？要证据？你不相信我说的？

　　没想到他满脸笑容地接着说："哇！我儿子开始玩沙子了，真是历史性的感动人的一刻。"先生对我解释说玩沙子对日本小朋友来说，是最稀松平常的事了。他理解我的心情，但是沙子确实很好玩，他小时候就经常玩到不想回家。

生存力强大，孩子才强大：不一样的日本教养

告状不成，我不服气。饭后，我赶紧上网，想找数据说服他们一家人：玩沙子不是好事情。没想到，却在网上看到了许多关于幼童玩沙子对身心成长有益的文章。

[教育专家赞成玩沙，触觉可刺激脑部]

北海道教育大学的笠间浩幸教授在一份幼儿研究报告中指出，玩沙有许多益处：

（1）借由手脚的触感，直接刺激大脑的发育。

（2）发挥想象力和创造性。

（3）激发科学性和具体化数学的基本概念。

（4）发展语言，比如拟声拟态语。

（5）建立人际关系和社会性。

手被认为是人的第二大脑，用手实际地感受沙子的温度变化，像是夏天时的温热，冬天时的冰冷，天气晴朗时的疏松，或是下过雨后的湿润。不同的触觉经验，可以刺激并促进大脑的发达。

笠间教授后来还出了一本书《沙堆和小孩》，总结了孩子玩沙子的诸多好处。

　　我对触觉这部分特别感兴趣。想起美学大师蒋勋提到，我们应该多给孩子一些触觉的经验和回忆。我想起某个夏天的傍晚，在夕阳的余晖中，我脱掉鞋子、赤脚踩在台中高美地区的湿地上。那种柔软的体验，的确是其他感官无法感觉到的，令人久久难忘。

夏天，北海道，孩子爷爷家附近的公园。在40年前，孩子的爸爸也曾在这里玩沙，这个沙坑留下了他们三代人共同的童年回忆

生存力强大，孩子才强大：不一样的日本教养

[小朋友天生爱玩沙]

后来，我们也正式成为"玩沙一族"。其实，不只是在日本，在美国和德国小孩子们也都盛行玩沙子。我的一位德国朋友曾说过，在德国，沙堆比便利店还多。我注意到日本各地的幼儿园、小学和公园里，都有一个或几个沙堆或沙坑，里面总是有几个玩得忘乎所以的小朋友。我家兄弟俩看到沙堆就好像被磁铁吸过去一般，然然拿根小树枝，专心地堆沙堡、盖水库。悦生宝宝用小小的铲子堆小山，或是挖个洞把一片叶子藏进去，还对我说，隔天再来看看有没有被挖走。有时兄弟俩还会合作搓丸子，煮一盘"沙沙套餐"和一杯"珍珠奶茶"请我吃。

虽然兄弟俩脸上、手上弄的黑乎乎的，但是那满足的笑容、愉悦的心情，可与玩高级进口玩具带来的喜悦相媲美。我认为，孩子的玩具真的不宜买太多。因为他们对自己的东西敏感，旧的玩具玩不多长时间，就又想要新的。悦然和悦生唯一不会玩腻的东西只有沙子。而且，玩的时候注意力集中，玩一个小时依然意犹未尽，拖都拖不走。我有时在一旁刷手机，刷到都不知道要看什么时，然然和悦生宝宝还在玩"台北 101 大战东京晴空塔"游戏，比一比哪个更高。后来我不再排斥让孩子玩沙子了，烦恼的是，如何说服兄弟俩回家成了一大难题。

[台湾的玩沙风]

最近这几年，台湾也渐渐开始流行玩沙子。悦生的幼儿园老师对我说，玩沙子真的有助于孩子的肢体触觉感知，在玩的过程中可增进人与人之间的社会性互动，学会与别人分享、交流，有助于语言表达能力的提高。道禾幼儿园坚持让小朋友两周玩一次沙子。园方会事先征求家长同意，给小朋友穿没有口袋的衣服，让小朋友尽情地玩，玩脏了衣服也没关系。

台湾幼儿园老师的说法和北海道教育大学的研究结论不谋而合，再次让我明确了玩沙子这件事对幼儿身心发展的意义。近几年回到台湾，我发现除了学校，许多公共场所也会特意留出一些地方让孩子们玩沙子，如台中的草悟绿园道和一些亲子餐厅等。有一次我们在亲子咖啡厅举办小学同学会，庭园中就有一个白沙堆。大人在厅里面边喝咖啡，边聊 20 多年来的往事。小朋友们则在外面的沙堆上玩沙子，好几个小时都不厌倦。

这天，悦生为了亲身体验妈妈怀孕时的辛苦，一整天都把皮球揣在肚子那里，即使玩沙时也不例外

[玩沙注意事项]

小朋友们虽然都很喜欢玩沙，但据日本学校的老师说，管理沙堆很麻烦，除了要定期消毒、清理、换沙外，还要注意里

面有没有脏物，或是会割伤小朋友的东西。需要提醒的是，小朋友玩沙之后，一定要洗手、漱口。每根手指头都要洗得干干净净的，并检查指甲内有没有黑渍。

然然和悦生一回到家，第一件事就是洗手和漱口。日本各级学校，尤其是幼儿园和小学，都非常注重漱口。2005 年京都大学的一份医学论文证实，正确地漱口可以积极有效地防止病从口入，降低 40% 的感冒发生率。玩沙之后记得洗手和漱口，就可以无后顾之忧了。

玩沙不仅让孩子们开心，有时候童心未泯的我也会参与其中，感觉还真的挺好玩儿。初秋，我坐在北海道的公园沙堆旁，抓一把沙，让它轻轻地从手掌往下滑，那温热的触感，的确有些妙不可言。我不禁想到一个问题：这些沙是从哪儿来的？然后，耳畔似乎响起了熟悉的台湾民歌："拾起一把海里来的沙，就是拥有海里来的偶然……你是否愿意当那海里来的沙？随着潮来潮往遇上了我。"

然然玩沙子

4. 身体与细菌的战争——发烧不必吃药？

[头脑烧坏的恐惧]

当妈妈的人，最担心害怕的就是小宝宝生病了！每次然然一发高烧，真叫人坐立不安，不知道如何是好。育儿书几乎都写着发热可能会有生命危险；还会特意用红色加粗字体，列出可怕的并发症。年长一辈的台湾人会警告说：要小心，不要让孩子烧坏了大脑。

对身处异乡的我来说，孩子生病发烧这件事，更是让我战战兢兢。有一天半夜，可怕的事情终于发生了，然然竟然发烧到了 39.5℃。我摇醒先生，赶紧开车把然然送到医院急诊室。我心想，在日本这个发达国家，对小儿发烧一定有先进的治疗方法。不料，医生只给了我两粒小小的塞剂，连退烧药都没有，还万般嘱咐我，塞剂不可一直塞，要在体温 38.5℃以上才可以用，而且一定要间隔 8 小时以上。医生看我非常焦急，便建议说你让小宝宝泡泡澡就好了。什么？我以为自己听错了，生病还泡澡？泡澡不是要脱光衣服吗？那样肯定会感冒的。不对，是已经感冒了。再泡下去，病情会加重的。

可怜的然然高烧一直没退，因为高烧难受睡不安稳而几次哭醒。只要我一给他贴上退烧贴，他就会哭醒。即使是小朋友专用的退烧贴，上面印有他最喜欢的面包超人图案也没用。

这样真的没问题吗？然然已经烧了两天，而我却什么都不能做。好想再给他塞一粒塞剂，或是喂一杯退烧药水，看看会不会尽快退烧。可是，先生在一旁虎视眈眈的，我根本就没有机会这么做。我想，假如家中有保险箱的话，他一定会把这颗塞剂锁在保险箱里。

日本人一般认为小孩子发烧没啥大不了的，家长的紧张是多余的。这是孩子的身体在跟病毒抗争，战胜了病毒之后，免疫力就会提升。若马上用药物刻意地让温度降下来，免疫力未提高，往后更容易生病，而且生病后更不易痊愈。

第一章　不怕风雨，不惧严寒酷暑：生存力来自强健的身体

"我发烧了，全身都热热的，好想泡个澡"

我突然想起来，中学时的同学志玲现在是中医师，也是两个孩子的妈妈。我曾问她中医对孩子发烧的看法，她对我们这几个紧张兮兮的妈妈说："发烧是好事，是身体的抵抗力正在发挥作用，消灭病菌呢，你们以后就别太担心了。"话虽如此，但我还是无法放宽心。

[小儿科医生对发烧泡澡的看法]

我实在是太着急了，直接拿起手机拨打国际电话，向我的

27

一位当医生的朋友咨询。他耐心地听完我语无伦次的述说后，从专业的角度进行了分析，然后对我说："在欧美，医生的确会建议家长帮宝宝洗澡以加速身体散热。假如然然精神状况还不错，没超过38℃，而且也不哭闹的话，可以试试看。但是，洗过后马上要擦干，不要被风吹到，多喝水。"我赶紧按照他的指点，把身子烧得滚烫的然然放进小浴盆里，他用手轻轻地拨着水，感觉好像舒服多了。

隔天再去医院时，我又请教了日本的小儿科医生，为什么要让发烧的宝宝泡澡呢？医生解释说，宝宝发烧时洗温水澡可以让皮肤的血管扩张，增加血液循环，把毛孔打开，将热散出，从而达到降低体温的目的。水的温度最好是38℃～40℃，泡15分钟左右。洗澡还可以清洁皮肤，避免汗腺阻塞，让因发烧而烦躁的宝宝舒服一些，安稳地睡觉。

医生还强调说，要多补充水分，水可以调节体温，有助于免疫功能正常地发挥作用，使身体尽快康复。人在发烧时，皮肤容易蒸发掉水分，退烧时也会因出汗流失不少水分和电解质而导致脱水。

第一章 不怕风雨，不惧严寒酷暑：生存力来自强健的身体

[台湾就医方便]

这些年，我带着孩子经常往来于台湾和日本，对比之下，发现还是台湾看病方便。我有很多住在美国的阿姨或表姐，都特地回台湾看病。台湾的健保卡很先进，不但所有的医疗数据都有系统的记录，听说连器官捐赠都可以登记在健保卡上。日本的健保卡还是普通的卡，都没办法"刷"。

在台湾看病的第一个好处是就诊时间长。在日本，超过晚上6点，就要去挂急诊了；晚上很少有看诊的医生。

第二个好处是自我负担额低。在台湾只需交挂号费150日元。在日本，基本费用大概是2700日元（约170元人民币），而且这其中医疗保险负担了三成。

第三个好处是方便，而且选择的机会多。台湾的诊所几乎和便利店一样多，从儿科、内科、牙科到医学美容，全方位的诊所，可以让你在任何时候都能找得到医师。

在台湾，妇女生小孩还可以住进五星级月子中心：三餐加早、午点心，一天吃五餐；婴儿由专业护士洗澡、喂奶。医院配合度高，孕妇可以自己选择剖腹产的时辰。在日本，除非孕

妇或胎儿有重大问题，否则必须自然生产，三天内就得出院。现代的日本，也没有所谓"坐月子"的概念。尽管如此，日本女性产后一般也没有什么后遗症，而且是全世界最长寿的人种之一。

[日本贴心亲切的医疗]

在日本看病，虽然收费高，但是服务质量确实让人没话说。去诊所看病，进屋一定要脱鞋，换上室内拖鞋。地板擦得干干净净的，窗台、桌子等地方，都是消毒过的，一点灰尘也没有。

在医院，医生和护士都尊称患者为先生。这个敬语用法，与住在高级饭店和在百货公司购物的贵宾属同一等级。我们见到的医生与护士，都对生病的小朋友非常有爱心和耐心。讲话的时候，一定会蹲下来，跟然然的视线保持在同一高度，会不停地夸奖他很乖、很听话，不勉强他去做不喜欢做的动作，而且会先聊些别的话题，转移他畏惧看病的注意力。

第一章 不怕风雨，不惧严寒酷暑：生存力来自强健的身体

[用药手册]

在日本，去药店领药时，会给你一本"用药手册"，记录你服用过的药，作为医疗用药的根据。

台湾的药包是多种药装在一个包里，你根本分不清这一粒、那一粒都是什么药，只管按医嘱吃进去就行了。在日本，则是一种药包一包，每种药都有照片，用简单的文字说明药的疗效和注意事项。需要服用抗生素时，医生会特别叮嘱你，每天按固定时间服用，必须按处方规定的天数、分量全部吃完。不能自我感觉痊愈了，觉得再继续吃药会对身体产生负担，就自作主张地停了药。

[避免院内感染]

去医院最怕的就是，本来好好的，去了一趟，结果被传染了。现在日本很多医院的小儿科里，预防接种和一般诊疗是分开的。例如，在正式看诊开始前一个小时，先接待没有生病、只需要打预防接种的小朋友。

我常去的宫川医院，除了可以先预约外，护士还会给你一

个寻呼机，很像美食广场的那种到号后就会一闪一闪的小圆盘。候诊时，可以先在车内或附近的书店逛一逛，无须挤在小小的候诊室里。如果是在候诊室内，就会因为怕自己的孩子被传染到，也不想传染给别人，只好不停地叮嘱小朋友手不要乱摸。相反，候诊时到处逛一逛，就会没有精神压力，安心许多。

尽管在台湾和日本看病各有好处，但还是别生病为好。即使白交健保费也没关系，且把它当作求"庇佑的香油钱"就好了。

日本妇女产后吃什么

日本产妇不用通过喝鸡汤、吃麻油腰花或是不洗头等特别的坐月子方式来调理身体，而是强调均衡饮食，多食小鱼干或牛奶等，以补充流失的钙质。我婆婆说，以前为了让产妇奶水充足，会让其多吃麻薯，但是现在的人说吃这种东西容易得乳腺炎，很多人就尽量不吃了。

5. 肌肤亲近传递爱——和婴儿一起泡澡

然然刚出生时，我对给他洗澡怀有一种莫名的恐惧感。心情忐忑不安，生怕一不留神，手一滑，把婴儿摔着了，但是我那日本老公却一点也不害怕。他从我怀孕起便一直在说，宝宝出生后，他要和宝宝一起泡澡，还经常像小丸子一样地说："好期待啊。"我半信半疑地听听就算了。

我问日本朋友妙子，怎么给宝宝洗澡才不会摔着他？她很自然地告诉我："你脱光和他一起洗就行了。"我其实颇不赞成大人和小孩一起泡澡，总觉得这么做很不卫生。我心想，完了，坐完月子就要回到日本孤军奋战，我该怎么办？老公却在电话那端拍着胸脯说："哈哈哈！包在我身上。"

果然，我和然然回到日本家里那天，父子俩就脱光衣服，一起泡在了浴缸里。两个月大的然然一副很享受的样子，懒洋洋地半躺在爸爸的身上，一脸满足的表情，仿佛那一刻正徜徉于夏威夷的海边，眼前有蓝天、白云。

生存力强大，孩子才强大：不一样的日本教养

和爸爸一起泡澡

　　台湾人肯定不会这样做。我除了严格督促老公在和孩子一起泡澡前，要先从头到脚刷洗干净外，还满怀疑惑地翻找并查阅了日本的育婴书。翻到如何替宝宝洗澡的那一页，上面竟然很清楚地写着"和刚出生的小婴儿一起泡澡的方法"。我再上网一查，立刻出现很多数据。在日本，似乎不存在讨论可不可以和小婴儿一起泡澡的问题，这早就被认为是件很正常的事。

　　具体来说，和小宝宝一起泡澡，可以借由肌肤亲近的触觉，传递妈妈或爸爸的温暖和爱，从而让小宝宝感觉很幸福。在较大的浴缸里泡澡，可以很快地让孩子的身体暖和起来，筋骨舒缓放松，迅速入睡。孩子若有脏鼻涕，也会一下子就流出来。

[爱泡澡的日本国民]

日本人从出生两三个月的婴儿到八九十岁的老人，全民天生爱泡澡。欧美人和中国人洗澡都是用莲蓬头冲身子，不会像日本人那样每天都喜欢泡一下。日本的房子，即使是出租给学生的简陋老公寓，浴室里也一定会有个小浴缸。

日本人认为泡澡对身体好，除了可以消除疲劳、促进新陈代谢和滋润皮肤外，还可使身心舒畅，有助于睡眠。我刚到日本的那年冬天，朋友妙子就告诉我，只冲身子不泡澡暖和一下身体，是会感冒的。

[8分钟理论]

不过，我那位长年住在北海道的孩子的奶奶，对洗澡这件事却非常谨慎。她自有所谓的"8分钟理论"，意思就是洗澡时间不能超过 8 分钟，否则就会着凉感冒，而且容易并发肺炎。这话听起来似乎很有道理，但让身为儿媳妇的我备感压力。本来就不太会给宝宝洗澡，还要被计时，时间一到，孩子奶奶就会很客气地敲门了，说："差不多了喔，泡太久身体会累。体温过高，会头昏眼花，还是赶快出来吧。"

北海道旭川市位于北纬 43°，一年有将近一半时间气温在 0℃ 以下，气候干冷，所以当地人都把洗澡看成是一件很重要的事情。因为气候干冷，不洗澡也不会觉得黏黏的不舒服。对于出生在北回归线 23.5° 的我来说，每天必须洗澡，雷打不动，夏天甚至会一天冲三次澡。只要看到悦然和悦生宝宝满头大汗，我就会趁奶奶不在家时，马上把他俩带进浴室冲一冲，顺便让他们玩玩水清凉一下。

[在日本泡温泉的正确方法]

我在日本很喜欢泡温泉，也会常常带两三岁的悦生宝宝一起进温泉女区。进入更衣室后，我把头发束起绑成丸子头的样子，和悦生宝宝一起把全身衣服脱光，因为不能用大浴巾包裹身体进温泉池，所以顶多只用一条小毛巾遮挡一下敏感部位。

第一章　不怕风雨，不惧严寒酷暑：生存力来自强健的身体

进到温泉区，要先把全身上下洗干净。因冲水区的各个位置很靠近，大家都排成一排坐在那里，所以我用莲蓬头冲洗悦生宝宝时很小心，怕水会溅到隔壁的老奶奶身上。洗完后，我叫悦生宝宝帮忙把脸盆倒放着靠在小椅子上摆好，然后和他手牵手地下到温泉池里。

在大浴场里，很忌讳小朋友乱跑，因为地湿又有水蒸气，很容易滑倒，并连带着碰撞到别人。我和悦生宝宝会在温泉池子里找个自己喜欢的角落坐下来，把小毛巾放在头上，静静地享受着泡温泉时身心产生的愉悦感、舒适感。

基本上，大家都尽量避免彼此目光和眼神交会，泡澡时会专注地欣赏窗外的蓝天白云、盆栽绿树。泡温泉一次不能泡太久，因为水温高加上人为弄出的波浪的冲击，会使身体负荷过大，年纪稍长者的心脏会承受不住。我和宝宝每次大约泡 5 分钟就会出来，因为小朋友大多坐不住，一泡久了，就会把温泉池当成游泳池游来游去。

我喜欢在泡完温泉之后，穿上浴衣，买一瓶玻璃瓶装的牛奶，和悦生宝宝边喝边等待男温泉区的先生和然然。不论是纯牛奶，还是果汁、咖啡，口味都很香醇，能给出汗过多的身体

补充水分。泡过温泉后，身体里的废弃物就会随着汗液一清而空，整个人都变得轻松起来。

[在日本人家里泡完澡要"盖盖子"]

回想起我在大学念书的时候，第一次到日本朋友久美子家过夜。吃完饭后，久美子的妈妈很客气地给我放好洗澡水。我舒舒服服地泡完澡之后，便很勤快地把浴缸的水放掉。

我回到客厅对久美子说："难得泡泡澡，真舒服！在台湾几乎只用莲蓬头冲澡，因为泡澡很浪费水。"

久美子说："也还好了，一家四口用一缸水，而且最后还会拿去洗衣服。"

我听了吓一跳，什么？一家人泡同一缸水呀！洗澡水不会变凉吗？

久美子说："所以要盖盖子呀。浴缸旁边有一个卷卷的盖子，盖上可以保持浴缸内水的温度。"

我有点儿难为情地说："可是我刚刚把水全放掉了。"

建议想体验日本文化的读者，旅行住民宿时，千万不要好心办坏事，洗完澡就把水统统放掉，那是要留给所有人洗的。

还有，泡完澡记得要把卷卷的盖子盖好。

[珍惜水资源，用洗澡水洗衣服]

我好奇地问久美子，怎么用洗澡水洗衣服呢？久美子的家在神户的高级住宅区，怎么还用洗澡水洗衣服呢？原来这是大部分日本家庭的习惯，并不是只有久美子家这样。纯日本制的洗衣机在操作菜单上，都有"使用洗澡水"的选项，洗衣机也必定会放在室内离浴缸很近的地方。

悦然、悦生每天晚上和我泡完澡后，他们俩就会用小网子，像捞金鱼一样地把脏东西从浴缸里捞出来。因为还要把泡澡水留给常加班到半夜的爸爸泡澡用，以消除疲劳。第二天早晨，再用这缸洗澡水洗衣服。方法很简单，然然把水管拉到浴室，放入浴缸，我只要按一个"使用洗澡水"的键就可以了。

后来，我几乎每天都会用洗澡水洗衣服。兄弟俩喜欢拉水管，看着泵吸水。我也自我感觉良好，俨然变成"贤惠的家庭主妇"了。养成习惯之后，有时去住饭店，还习惯性地舍不得放掉整缸的洗澡水。我希望然然和悦生能从小就养成不浪费水，珍惜自然资源的好习惯，当一个惜福的孩子。

日本的水费有多贵

我刚到日本不久，就收到了 1.2 万日元（约 740 元人民币）的水费账单。起初吓了一跳，再仔细一看，原来是两个月的水费，但折合台币 3500 元也是很让人惊诧的呀！用洗澡水洗衣服每月水费还这么多，看来在日本生活必须节省一点了。

6. 养出健康小孩的经验 1——买用得安心的婴幼儿用品

我觉得日本是一个同构型很高的社会，养小孩其实也是非常制式化，几乎每个家庭的小孩从小用的东西都一样。

然然出生后那几年，我们住在宿舍里。记得刚搬到那里时，楼下的麻衣子妈妈常邀请我们去她家玩。有趣的是，她家有好几组多美玩具和我们家是一样的。放在小书柜里的绘本，从《五味太郎》《青色豆豆们的故事》，到《便便的绘本》，我们家也都有。这下子原本个性害羞、躲在我裙子后面的然然，探出小脑袋来，指着书说："一样的。"

主人家的小姐姐拿出小花妹妹的娃娃，友善地招呼然然说："巧虎的新玩具刚寄到，要不要一起玩？"

下午 3 点时，麻衣子妈妈把烤好的苹果派拿出来，上面加了一个香草冰淇淋球，大家吃得很开心。这就是日本所谓的"三时点心"。

下午 4 点一到，小姐姐带着然然一起到电视机前。他们家的小弟弟听到声音也爬过来，大家坐成一排观看 NHK 的"和妈妈在一起"。

因为这同构型高的 SOP（standard operating procedure，标准作业程序），不仅然然，就连我这个独自在异国养小孩的中年人，也较快地适应了本地的环境，轻松地融入到了日本当地的育儿生活中。

[大型婴儿专门用品店]

养育孩子需要很多东西，这些在日本很容易买到，只要到"婴儿本铺"或是"西松屋"就可以了。这是日本两家最大的婴儿幼童专门用品连锁店。西松屋在全日本有近 800 家分店，而且每家分店的商品摆设都一模一样。像我家附近的西松屋，与坐两小时飞机才能到的北海道的西松屋，两家店很相似。其实这是西松屋社长的商业策略。他认为应该把店内商品摆放得一目了然，尽量避免繁忙的妈妈既要推娃娃车，又要领个小孩，还要走来走去找不到该买的东西。

我在怀孕初期，几乎每周都要去西松屋"报到"一次。卖场宽敞又舒适，常常可以发现新东西。从 0 岁婴儿到 10 岁小孩的用品、孕妇用品、奶粉、尿布、衣服、书籍、玩具、食品等应有尽有，且价格合理，使用方便，常常让我流连忘返。顾客如果有难题还可以咨询育婴师，得到他们的协助。这里虽然不像台湾品牌众多，但顾客不会有所顾虑。买得安心，用得放心。

[品牌少，质量好]

在日本居住这些年，我发现在这里养孩子有很多方便的地方。许多大企业愿意投入相当可观的资金，专注于研究、生产最好、最新颖的产品。日本的婴儿用品品牌虽不多，但都是我们很熟悉的。如贝亲、康贝、阿普丽佳，这些公司旗下的产品不仅质量好，样式也齐全。产品本身也常常有亲切贴心的设计，让人会心一笑。很佩服日本人的头脑灵活，能想出这么好的点子，也让身为妈妈的我轻松、安心了不少。

[配方奶粉品牌少，买的人也少]

除了尿布，奶粉也是婴儿时期的购物重点之一。在日本的电视广告中，看不到可爱的婴儿喝奶粉的画面，因为配方奶粉广告是被严格禁止播出的。日本的婴儿喝的几乎都是母乳。配方奶粉的品牌很少，仅有明治、森永以及和光堂等几种。市场上很难看到美国惠氏及外国品牌，也没有较大婴儿的成长麦片、米麸，或是婴儿维生素等。日本人，尤其是当奶奶的，一贯坚持营养应该从自然食物中摄取。不仅配方奶，连维生素都不接受。

[小朋友的零食饼干]

婴儿喜欢吃的零食饼干，常见的也是固定的几种品牌，饮料的选择也不多。奶奶们买东西会坚持"三无"标准，即包装上必须有"无添加""无香料""无着色剂"等字样。这个标准甚至潜移默化地影响着悦生的购物观。

有一次，我带着悦生到台湾的一家超市买东西。他想买一包糖果，我知道小孩多吃糖害处多，但实在找不到借口说服他。词穷之际，我拿出一包糖果，翻到背面让他看："你看，这上面写有防腐剂。"

悦生听后马上把糖果放回货架："啊！不行、不行。"

绿色蔬菜种类少

我常觉得日本的料理人好厉害，煮出来的东西色香味俱全，什么都好吃。可是住在日本且身为主妇的我，每次到超市，左看右看都不知道要买什么青菜。因为绿色蔬菜种类实在少得可怜，也就是菠菜、青菜、小松菜等几种，连台湾最常见的空心菜、地瓜叶都没有。有一次在台北请日本友人吃饭，问她想吃什么，这位日本友人竟然说想吃"番薯的叶子"。

7. 养出健康小孩的经验 2——严格甄选玩具和电视节目

［大家都玩一样的玩具］

多美卡（TOMICA）的火柴盒小汽车大概是所有小男孩第一个为之着迷的玩具，悦然和悦生也不例外。出门带一辆，他们就可以玩很久。这些火柴盒小汽车，完全按照原车的设计缩小比例，一点儿都不马虎，很多成年人都很喜欢收藏它。

兄弟俩长得更大一些时，在爸爸的衷心期盼之下，开始组装多美卡轨道电车。然然和悦生对日本各式新干线、电车如数家珍。这些玩具模型忠于原设计，麻雀虽小，五脏俱全，令兄弟俩爱不释手，为之着迷。

我曾经在"脸书"（Face book）上传了一张我家客厅的照片，只见地上到处铺满了蓝色的轨道，各式各样的新干线通行于各个房间。认识我的人都说好，还想到我家来玩。一位和我很熟识的人，留言说："天啊，你家被沦陷了，好惨哦。"以前标榜极简主义、走时尚设计风，热衷于在桌上摆琉璃、墙角摆大花瓶的我，怎么会变成这样呢？

这一切，我先生应负一半责任。我叫他不要再买轨道、车站等各种玩具了，我在家里没办法好好走路不说，还常常被绊倒。而且，要是兄弟俩将来变成那些喜欢模型的宅男该怎么办？先生非但不以为然，还非常自豪地说："这是创造力和想象力的训练，有助于培养空间和工程的概念。然然有当建筑师的头脑和潜力。"

的确，没有理工科头脑的我，没办法像他们父子那样拼出好几层会转圈的轨道设计，还可以上下坡，有分岔平交道。

我问然然："真的吗？你想当建筑师啊？"他回答我说："什么是建筑师？我想开新干线或是山手线，公交车也可以。"

我有时真羡慕我先生，家里买的玩具，都是他也想要的，而我呢，实在是一点儿感觉也没有。小时候家里不给我买的莉卡娃娃的家，到现在还是与其没有缘分。有一年的圣诞节，到

第一章　不怕风雨，不惧严寒酷暑：生存力来自强健的身体

百货公司给悦然和悦生挑礼物，我灵机一动，何必怨叹呢？我也可以买女孩的玩具呀！但结账时，我却不好意思去付钱了，让我先生去，他却此地无银三百两地说："这个不是我太太要的，是要送人的。"

[日本的玩具品牌少]

为什么日本玩具品牌这么少呢？大概是因为安检标准很严格，在通过各种检验测试之前不能随随便便生产制造的原因。当然，市场上有一些类似于台湾夜市里摆的玩具，但是卖这种玩具的地方不多，数量也少。玩具是小朋友们最亲密的伴侣，他们一天到晚拿着、摸着，有时还会把它放进嘴巴里，要是有不安全的化学成分，的确会让父母非常担心。我觉得日本政府在这方面做得不错，严格地为消费者把关，防止有安全隐患的玩具进入到儿童的手里。

[订一样的杂志]

然然到了三四岁时，就开始和巧虎做朋友了。巧连智的巧

虎是日本小朋友最喜欢的偶像之一。然然不听话的时候，只要对他说："你记得吗？巧虎说过吃饭前要洗手。"然然就会说："对啊。"立刻就乖乖地洗手去了。这种方法，相信很多当妈妈的都试过，而且屡试不爽。

我想起以前单身时在广告公司上班，有一次为帮宝洁做企划案，产品是一款销售成绩一直没法突破的杀菌洗手液，主要使用对象是儿童。提案决定利用巧虎的形象。当时我根本就不认识巧虎，只觉得没必要付天价的使用版权费。我的一位日本同事有两个孩子，她悄悄地对我说："你要赶快认识它才好。"现在当了妈妈的我，总算知道巧虎的影响力之深了。

为了让然然学好中文，我订过中文版的"巧虎"，每个月从台湾空运过来。

[看一样的电视节目：严谨选主角，节目质量高]

NHK 幼儿节目里的主持人哥哥姐姐气质都很好，动作自然，唱歌跳舞的本领很棒。《与妈妈同乐》是全日本最受欢迎的幼儿节目，几乎每个有孩子的家庭，都会按时收看。左邻右舍，楼上楼下，都可以听到电视节目的声音。然然早上 8 点看

我带孩子去海边

一次，下午 4 点回放时又看一次。

我回到台湾时，发现可以同步收看这档节目。内容是为 2 ~ 4 岁小朋友量身打造的，非常生动有趣。节目中的哥哥姐姐们会根据这个年龄段小朋友的情绪表现做出相应的肢体动作，说出相应的语言。节目内容有全方位的歌唱、韵律节奏、人偶剧和生活习惯、劳作等。

为了保持良好的形象，主持人主持节目期间不能接其他的电视节目或演出。据说 NHK 有明文规定，只要有八卦新闻，马上就会被炒鱿鱼。为的就是不让小朋友眼中纯洁的偶像有任何一点儿负面的报道。

每一任主持只能做四五年，跟市长一样，只不过不能连任。日本人闲聊时，只要问你小时候心目中"唱歌的大姐姐、大哥哥"是谁，就会知道你大致的年龄了。

养育一个孩子是家庭、学校、社会三方面的责任。希望整个社会大环境，能给予我们消费者、观众一个放心且安全的保障，让每个跟我一样带孩子带到已经"灰头土脸"的妈妈，能轻松一点儿。

质重于量的日本电视台

日本的电视台比台湾少很多，总共 12 个。节目制作水平高，深受观众的欢迎。

很多台湾人或多或少都有自己喜欢的日本电视节目。如日剧、料理节目或是房子大改造的居家设计类节目等。

台湾电视近 100 个台，我看电视常常换频道，可换来换去，就是找不到自己想看的，最后不是看电影，就是看日剧。

我想质还是重于量的。

第二章
独立生存和学习技能训练：入学

跌倒了，站起来，拍拍身上的尘土，又是云淡风轻了。

8. 学会生存必需的技能——上幼儿园

终于到了然然该去幼儿园的年龄了，虽然心里暗自高兴，以后可以轻松自由些了，但还是万般不舍，一百个放心不下。

开学典礼的服装仪容

然然"入学式"的那天，他一大早就兴奋地换上半年前就准备好的小西装、蓝色长裤和小皮鞋。

每到 3 月樱花盛开的时节，日本的百货公司就会摆出许多正式、高贵、有气质的套装和胸花，为的就是让这些妈妈在孩子人生的重要时刻，展现出最美丽的一面。

生存力强大，孩子才强大：不一样的日本教养

日本的入学仪式，家长几乎全都会参加。爸爸向公司请假也是理所当然的，只要请假事由是"孩子的学校举行入学典礼"，几乎没有不准假的。就像说"我今天要嫁女儿"一样，没有人会说闲话。如果单位不准假的话，就可以去劳保局申诉。

这是难得的一家成员全部到场的机会，照片可要多拍几张。20多年后，在孩子的结婚典礼上，一定会摆放一张新郎3岁时入学的照片，让来宾们欣赏一番他当时可爱的模样。

[简单隆重的开学典礼]

典礼正式开始，慈祥的校长一个一个地唱名，每个新生皆精精神神地应答："到。"

听到孩子们纯真清脆的声音，我的情绪就已经酝酿好一半。然然聚精会神地聆听着校长唱名，当听到"中野屋悦然"时，马上奋力地、直直地举起小手，大声地回答："到！"

泪水在我的眼眶里直打转，我觉得很幸福、欣慰。出生后就从未和家人分开过的3岁孩子，如今要一个人去学校生活了。他那天真、无畏的样子，真令人感叹。我偷偷瞄了一下周围，啊，整排人都哭了！妈妈们紧握手帕，脸颊湿润，面带微笑；爸爸们则因为强忍着泪水，表情显得有点儿扭曲。

[上课时的情景]

保育所的小学生没有制服，每个人只有一顶依年龄、班别分颜色的双色帽子。日本幼儿园的小学生在操场活动时，必须戴帽子，除了遮阳防雨之外，主要是基于安全方面的考虑。这样便于其他人能清楚地看到小朋友们的身影，在进行踢足球等运动时就会处处小心，以免伤到他们。

早上一进教室，孩子们就要脱掉外出时穿的鞋子，换上室内拖鞋，再挂好帽子，拿出包里的小饭盒、水杯、擦手毛巾和干净的换洗衣服等，放到教室里一格一格贴有自己名字的小柜子中。木质校舍虽然古老，但非常干净，一尘不染，光线、通风良好。

[孩子真正需要的"简单快乐"]

看着保育所里这群开心的孩子时，我突然领悟到，孩子们处于人生中最幼稚、天真、单纯的时期，他们的追求是简单、快乐。只要画画图、听听故事、折折纸、玩玩沙子、晒晒太阳、跑一跑，或看看花花草草里的小昆虫，如此就能无忧无虑地度过童年。在洁净安全的环境中，身旁引导的老师穿着围裙，亲切有活力，有耐心，不大声斥责，不给孩子过大的压力，也是这群孩子开心的原因之一。

后来，我把孩子送回台湾念书。我参观过不少名门幼儿园，实地了解了各大学派的专业理念。我当时窃喜的是，日本虽然没有像台湾那样流行的专业幼儿园，但是各个学派所倡导的教育理念和原则，在日本的公立普通保育所都有所体现。

[学会生存必需的技能]

日本的学校认为，孩子上学的目的是，首先学会生存必需的技能。然然的老师大岛个性开朗，强调小朋友要学会自立，凡事尽可能地自己动手，比如拧干抹布、洗杯子、自己倒水喝、吃饭用筷子等。

教室里没有塑料玩具可玩，但学校每天安排了大量的阅读、讲故事时间，还有多样化的混龄游戏活动。文化课实行分科指导制。因为是公立保育所，政府规定孩子们不能拿笔写字，只能利用画画来锻炼小肌肉。

美工课取材于自然，像银杏的叶子、紫阳花花瓣、小石头等。这使得然然有了大显身手的机会，他从小就是喜欢一边走路一边捡树叶、小花、松果的孩子。家里有很多他捡来的小栗子，还有取材于回收物资制成的玩具，像塑料瓶盖子的乐器、牛奶纸盒的机器人、饼干盒子的弹珠玩具等。

炎热的夏天到了，小朋友会一起在戏水池里玩水。处处从小朋友的心理和特点出发，利用自然融入的方式，培养和教育孩子们。然然天天都想赶快去上学，周末散步时，他还想绕道去保育所看看呢。

[妥善规划的学区环境]

这家保育所走自由学派风，名字很好听，叫作"竹园"，自然环境和人文环境很优越。春天的时候，我喜欢和然然走在路边的樱花树下，帽子、肩上常常会有掉下来的粉红花瓣。

我家附近是一家研究机构的员工宿舍，从我家到保育所走一分钟就到了。保育所右边是小学，左边是儿童馆和文化馆。

生存力强大，孩子才强大：不一样的日本教养

小学生放学可以直接去儿童馆。儿童馆就是公立的安亲班[1]。日本的小学附近，一般很少看到安亲班。小学的隔壁是种满垂柳、樱花的公园，旁边还有一个网球场。

保育所的后面是购物中心。我有时会先去银行取钱，到邮局寄东西之后，再去接然然。然后一起去买刚出炉的面包和咖啡，坐在公园的椅子上吃，吃完再去超市买晚上要煮的菜。最安心舒适的是，整个区域都规划得相当周到，而且禁止机动车进入。然然上小学之后都骑自行车，非常安全。小马路的对面就是中学和全市最好的高中。我想，这么好的学区环境，生活也方便，也一定是台湾人最喜欢的。

[要上学的人不是妈妈]

悦生上中班的时候回到了台湾。我左探听右访查，最后决定让他进入一所有名的私立幼儿园。我非常喜欢这里的校舍，其设计和建筑体现的是自然风格，强调"人本"，老师也都有自己的教育理念。

---

[1] 安亲班，类似于"托管班"，但功能和作用远大于托管班。安亲班结合了教育和保育的功能，主要是为了协助家长照顾与教导学龄儿童。

60

　　然而，悦生上学之后，显得很不开心，多次说不想去上学了。我开始以为是他刚回到台湾，人生地不熟的原因导致的。为了能让他愉快上学，我每天早上都带着他去摩斯汉堡喝果汁或到麦当劳吃儿童早餐，有时到星巴克吃松饼或纽约干酪蛋糕。结果都没用，我们俩每天依然在幼儿园门口上演拉锯战。无奈之下，我只好放弃这好不容易排到手的入园名额。

　　先生说："没关系。上学的是悦生，尊重他的意见吧。也许学校风格太时尚，我们大人觉得很棒，可是小孩不见得喜欢。吃饭不也是一样吗，小朋友喜欢杯子盘子都是塑料的、热闹的亲子餐厅，大人偏爱去杯子易摔坏的高档餐厅或者环境幽暗的居酒屋。"

　　最后，我们把悦生送到我娘家附近的小学附属幼儿园，当了我的小学弟。说起来也神了，从此之后，悦生天天都很乖又高兴地去上学，还当了毕业生代表。我想，或许孩子爸爸说得对，上学者本人开心最重要吧。让孩子到自己的母校念书，心里又多了一份感动。

　　我问悦生，为什么不喜欢之前的幼儿园。他也说不出个所以然来，只是很轻描淡写地说："嗯，因为小学操场比较大呀。"

然然喜欢日本的保育所，悦生最需要的是平稳扎实、简单快乐。看到兄弟俩每天高高兴兴地上学，开开心心地放学，我觉得很满足，很踏实。

与悦生合影的纪校长是我小学五年级时的实习老师

[日本的育婴福利制度]

我生下悦然后，休了快两年的假。回到广告公司不久，又怀了悦生，接着又继续请产假和育婴假。

日本有很多妈妈，不得不请育婴假的原因是，孩子进不了保育所，又找不到人帮忙带孩子，所以没办法回职场。日本的妈妈们一定很羡慕台湾满街都是幼儿园、安亲班，很多家庭都是由保姆或是爷爷奶奶帮忙带孩子。

[幼儿园和保育所大不同]

日本分幼儿园和保育所。双职工家庭的孩子才有权利申请进保育所，从 1 岁前就可以进去。我和先生都有工作，有权利申请全天候运营的保育所，但是苦苦地排队等了 8 个月。

保育所的作息时间是早 7 点到晚 7 点左右。公立幼儿园则是从早上 8 点半开始，下午 2 点左右就可以回家了。

我听说进保育所和幼儿园的孩子的家长有所不同。进保育所的孩子的妈妈白天要工作，对很多事情都大而化之，不拘泥于细节。进幼儿园的孩子妈妈都是家庭主妇，比较讲求细节的完美，便当袋、室内鞋带、漱口杯袋，全部都是自己手工缝的。知道这些之后，我不禁庆幸：幸亏我有工作。

公立幼儿园大部分都是两年制的。我的很多朋友虽然是家庭主妇，白天不上班，但为了提早一年把小孩送到小班念书，往往选择私立幼儿园。不过，日本大多数的家长还是偏好公立幼儿园的，认为有保障，让人放心。

日本保育所的缺点就是名额太少，有很多小朋友一时半刻排不上号，孩子的妈妈们只好边排队等候，边在家带孩子，没办法回职场上班。据统计，2013 年有两万多名"待机儿童"，2012 年之前曾经有四万多名。

保育所和幼儿园老师的执照有所不同

日本保育所和幼儿园老师的执照不一样。保育所因为要照顾很小的小朋友，需要保育士执照；幼儿园老师则是一般要教师执照。

9. 郑重地准备学习用具——背着书包上学去

[日式书包]

上学是人生中的一件大事，非常值得庆贺。尤其是爷爷奶奶和外公外婆，更是开心得不得了。上小学要准备的东西非常多，最重要的就是书包，日本叫作双背带书包。其从明治时代开始，大约有100多年的历史了。日式书包大多都是手工制作的，纯牛皮，质感好，背起来也很舒服。

[要背谁买的书包]

买书包这件事意义重大，对日本人来说，那不只是一个书包，因为要背整整6年，是一个类似嫁妆的象征物品。很多日本家庭的爷爷和外公两边都会抢着买，双方都希望孙子背的是自己买的书包，我还听说有不少双方为此闹得不愉快的例子。

生存力强大，孩子才强大：不一样的日本教养

很多企业和商家洞悉了消费者的心思，知道这些爷爷奶奶花钱不手软，要买最好的，于是推出一款又一款越来越高级、越来越贵的书包，一个大约6万日元。好的日式书包标榜其符合人体工学，背着上学不会累，具有能随孩子体格增长进行调节的功能，耐久性高，可以用6年。

[受欢迎的款式]

很庆幸，我们家不存在这个问题，居住在台湾的外婆不知道要抢着买书包这件事。日本的奶奶则尊重地征求我的意见，问我想让然然背什么颜色的书包。我想这个选择应该留给背的人吧。于是我问了然然，他说："黑色好了。"真是传统的孩子。从很早的时候起，日本就有个不成文的习俗，男生用黑色，女生用红色。现在与以往有所不同了，有很多种颜色可供选择，如咖啡色、粉红色等。据日本2013年全国调查统计，有六成以上的男生选择黑色，两成选择深蓝色；女生四成选择粉红色，三成选择红色。

[书包的往事]

婆婆找到一张我先生刚上小学一年级时背着书包在照相馆拍的照片。我对老公说："你的书包跟然然的一样，是黑色的。"先生说："那是旧的，是我哥哥的书包。"

我先生有一个他自己也未曾谋面的哥哥，据说长得很可爱，个性活泼开朗。在幼儿园的时候，就有五个女生跑去跟我婆婆说："你的儿子说要跟我结婚。"还拿出自制的小戒指。在一年级新生入学的第十三天，他欢欢喜喜地背着新书包要去上学时，在家门口被撞身亡了。

我很佩服我的公公婆婆，他们在中年丧子的悲痛中，重新面对生活，而且始终保持着乐观的心态。不过，从此他们把更多的心思都用在了过分担心孩子的安危上。

夏天回北海道老家时，看到先生的哥哥牌位前放着他生前用过的铅笔盒、玩具火车和一个棒球，我抑制不住内心的悲痛，眼泪唰唰地流了下来。

悦然和悦生看到牌位前有玩具，伸手要拿，我对他们说："不可以。那是你们伯父的，他是爸爸的哥哥。"

他们说："我们把玩具借给他，交换着玩。"于是兄弟俩很大方地把自己带来的车子、飞机、运动金牌、玩沙的铲子等，统统摆放到牌位前。

我在心里对这位从未谋面的哥哥说：你仅仅背了十几天的书包，你的弟弟帮你背了 6 年。剩下未完成的梦想和来不及长大的人生，就让这两个小侄子帮你完成吧！希望你在天堂祝福并保佑他们健康快乐地长大。

[哥哥的牵牛花]

哥哥当初在幼儿园毕业时亲手种下的"朝颜"（牵牛花），在我公公婆婆的细心呵护下，度过了近 40 个严冬，到现在还会在早上准时地绽放花朵。公婆将其分枝栽种在了位于东京的我家和许多亲戚家。

我记得悦生第一次看到栽种在阳台上的这株牵牛花时，没说什么话，但每天一到傍晚，他就会提着小水壶为牵牛花浇水。他说："我怕花会口渴啊！"

我想，对于公公婆婆来说，失去年幼的儿子，大概是一生中最无法弥补的创伤。如今看到家中又有了一个一年级的孙子，心中应该是悲喜交加吧。他们又要买一次书包，也许会勾起心里一些令人痛楚的回忆。我能感受到两位老人家在庆幸生命的代代相传、衍衍不息，新的希望就像哥哥在庭院种下的牵牛花一样，一朵接着一朵，绽放在一望无际的蓝天下。

　　看到牌位前哥哥穿着制服、戴着帽子、背着书包的照片，我突然顿悟到了人生的某些意义——其实，不仅没必要为教育问题而过分烦恼，其他很多事情也不必太在意。只要悦然和悦生健康快乐地长大，就是全家人最大的幸福。

朝颜

　　"牵牛花"这个中文名字听起来可爱、亲切，但缺少了点儿文艺气息。日文的名字很美，叫"朝颜"，意思是清晨的容颜，因为它会在每天早上绽放出美丽的花朵。

10. 不能吃零食的校规——一年级要准备的事

[爷爷的叮咛]

　　三年幼儿园的欢乐时光很快结束了，然然要上小学一年级了。他和还不到上学年龄的悦生都很兴奋，当妈的我则是紧张大于兴奋。奶奶一谈到这个话题，就开始回忆并大发感慨，讲述当年她的大儿子有多乖、多聪明。她的小儿子则在旁附和说："对呀，对呀！"

　　慈祥的日本爷爷则是不停地嘱咐："晚上 8 点就睡觉比较好。"对于爷爷来说，初上小学唯一要做的事，就是早睡早起，每天吃完早餐再去学校。

　　日本学制的开学日都在 4 月份。从然然上大班起，老师就很慎重地告诉每位小朋友："从今天起，你们是这个幼儿园最大的哥哥姐姐了，要照顾比自己小的朋友，而且你们很快就要上一年级了，所有的事情都要学会自己做！"

第一件事，就是要会自己穿换衣服、穿鞋子。

金秋十月时节，信箱里收到了上面写着"中野屋悦然"几个字的正式入学通知书，通知我们去报到。暑假时，我们就为然然买好了书包、三件式的小西装和皮鞋。

除了入学用品，生活及功课方面也有需要准备的事项。我们从网站了解到，到年底之前，然然要学会看时钟；要遵守小学生的作息制度，早睡早起；要训练能在 20 分钟内把饭吃完。我在手机上设定了时间，晚上 8 点一到，就催促然然刷牙、换睡衣。刚开始时，他总是拖拖拉拉的，于是我白天就让他在外面跑一跑，如在操场跑两圈，几天后他就习惯了，很快就能入睡。

[入学要准备好多东西]

2 月的一天，我去参加小学的新生说明会，老师告知家长注意事项和学生上学需准备的东西。除了书包、铅笔盒（不能用铁制的，其噪音大），还有室内拖鞋、体育馆的运动鞋，两条抹布（需标上一条是擦桌子用的，一条是擦地用的），还有红白帽、口风琴等。日本小学的音乐课，要求学生一年级学习弹键盘乐器，从三年级开始学习直笛。

　　还要准备一个可以直接放进抽屉的 A4 纸大小的"道具箱"，里面要有剪刀、胶水、胶带、订书机、Kupi 等。我听了有点儿晕乎乎的，要准备的东西也太多了吧。我问什么是 Kupi，副校长愣了一下，很客气地对我说："你去买就是了，大家都知道的。"原来，台湾小朋友常用的那种彩色笔，日本学生却很少用，他们大部分都用 Kupi。它介于蜡笔和彩色铅笔之间，笔芯不容易断。

　　还有，一套包括白衬衫、黑裤子的正式服装，黑色或蓝色的泳裤、蛙镜、运动衣、日本的浴衣、腰带、夹脚凉鞋、跳绳、2B ~ 4B 六角铅笔、红色铅笔、水彩用具、算数卡、10格笔记本……其中有的我连听都没听过。不过还好，趁开学前回到日本，在购物中心有新生入学专柜，可以效率极高地就把所有的东西都买齐全。

[校规：不能吃零食]

　　然然上小学一年级之前，我最担心的是，小学没有像幼儿园那样的吃点心时间。7 点吃早餐，到中午 12 点半才吃午餐，然然的肚子会不会饿？没想到他爸爸说："那就忍耐吧，这才是男子汉。"

日本所有的学校都没有所谓的小卖部。学生不许带钱，也不许带饼干之类的零食去上学。的确，有些零食对小朋友的身体有害，还会影响他们中午吃不下饭，但是小卖部的存在还是很令人怀念的。

我记得小时候的小卖部，卖好多零食，如饼干、饮料等，还有真鱿味（包装上画一只好笑的鱿鱼）、咸酥饼之类的小食品。虽然排队时有点儿不好意思，但是买来后和其他同学一边分享、一边聊天，觉得开心极了。中学的小卖部里卖红茶（奶茶）、口味宝宝冰、黑轮、米血、鱼板等。高中时，中午去小卖部买午餐，顺便期待一下心仪的男生会不会刚好经过那里。

过去的点滴都成了今天的回忆。在日本长大的孩子爸爸没有上过附带有小卖部的学校，听我说得津津有味，一脸羡慕的表情，继而大发感慨，为自己没有机会体验那么美好的童年生活而深表遗憾。

11. 游泳课是教学重点 —— 一年级的新鲜人

[重视体育课]

日本学校的课程表和台湾差不多，有语文（日语）、算数、体育、图工（画图和劳作）、生活、音乐、书写、道德、学活（班级活动）。不同的是，体育课占的比例较大，一周有三节。除基本的 50 米赛跑、接力之外，还要会吊单杠。因为之前对此有所了解，所以然然还在幼儿园时，爸爸就经常带着他预习这些项目。室内的运动项目则有前滚翻、后滚翻，还有然然最喜欢的跳箱子。

游泳课是夏天的教学重点。然然班上百分之五十的小朋友已经学会了自由泳，并能游出 25 米远。

6 ~ 10 月，然然每周上 3 次游泳课，低年级的同学也跟着一起上课，按照技术熟练程度分成 4 组，技术熟练程度高的同学开始学蝶泳。

上游泳课的那天早上，我需要在家里为然然量好体温，并登记在游泳卡上。若无异常，盖上家长同意章，这样他当天才能上游泳课。校方非常坚持原则，即使孩子体温正常、健康情形良好，家长没盖同意章，也不能上游泳课，没有一点儿通融的余地。

游泳课虽然很密集，但并不会强迫孩子或给孩子施加压力，只是要求小朋友不怕水，喜欢游泳。学校在安全措施方面安排得很周全，虽然每节课只有不到 50 个小朋友参加，却有包括护士在内的共 6 位成年人在现场指导，阵势很大，让家长们很放心。

[几乎每个日本人都会游泳]

日本人在很早以前，就很重视游泳技能。很多日本同事听说我游泳不会换气时都吓一跳："你们台湾不是在岛上，四面环海吗？"在他们的潜意识中，每个台湾人都应该是游泳高手。

母校的校长告诉我，台湾的小学，只要校园里有游泳池，就可以确定是日本侵略时期日本人盖的。我先生念小学的学校在北海道旭川，冬天 -40℃，夏天只有短短的一两个月而已，校园里仍然有一个标准的游泳池。

生存力强大，孩子才强大：不一样的日本教养

[攸关性命的"着衣水泳"]

然然的游泳课里还有一个难度较大的项目——"着衣水泳"。按字面解释，意思就是穿长袖衣、长裤游泳。最近，NHK 等日本节目都特别介绍，不幸溺水的时候，一般的衣服不同于游泳衣，浸水后会变得很重，让溺水人觉得自己被拽着往下沉。上课时老师还会叮嘱，游泳前不要脱掉鞋子，因为鞋子有浮板一样的功能。溺水时最好保持镇静，让自己浮着，等待救援。不要无谓地浪费体力，幻想自己能游上岸。

在欧美，像英国、荷兰等国家水域众多，家长都注重训练小朋友"穿衣服游泳"，对其重视程度远远胜于游自由式25 米。

[学生作业少]

我回到台湾，在美容院洗头发时，常常听到旁边的女人说："昨晚小孩写作业写到 11 点，一边写，一边打瞌睡、流口水，都写到这种程度了。唉，才小学一年级就这样。"

我听了无话可说，因为然然的作业非常少，不用花多少时间就可以写完，主要是语文和数学。语文作业一张没几行字，数学也就是 10 道题左右。在日本，一般认为写作业的最佳时间是每学年递加 10 分钟。也就是说，一年级 20 分钟，二年级 30 分钟，以此类推。

[朗读卡]

　　然然的老师规定班上同学每天都要大声朗读课文，然后记下自己一共朗读了几遍。然然才一年级，而课文长度却有三四页之多。因日本用五十音假名，只要学会假名就有办法阅读长篇文章，不像中文需要花很多时间认识新的汉字。二年级的课本还收录了长达 18 页的《黄色的水桶》，讲了一只可爱的小狐狸和黄水桶的故事，很引人入胜。故事虽然长，但然然看得很入迷，能一口气轻松读完。

　　日本语文课的重点，强调对课文内容的理解和思考，能用丰富的语汇表达自己的感想。

[汉字十级检定]

　　4 月份入学时，学校发了一张报名表，是询问然然要不

生存力强大，孩子才强大：不一样的日本教养

要参加日语汉字十级检定的单子。我想既然是学校发的单子，一定是所有的一年级新生都必须参加，于是就爽快地报名了。

考试的日期定在 6 月，到了快 5 月时，我让先生从日本带来汉字十级检定的模拟测验题。一翻才发现，考的是一年级学的 80 个汉字。我很纳闷儿，才开学不到两个月，考题也太难了吧。于是我问了一下导师，佐藤老师笑眯眯地对我说："一年级只有悦然君报名参加，二年级也只有少数同学参加。"

"啊！"

"让悦然君试试看不错啊！"佐藤老师说。

不过既然报名了，那就考吧！而且既然要考，就要过关。

日本的汉字考试，不仅测验是否会写，还要求笔顺完全正确。例如，"車"最下面那一横是第几画？还有类似中文的多音字，一个字有音读和训读两种以上念法。

我很坦诚地对然然说："是妈妈搞错了，但我觉得你一定能合格，而且通过参加考试可以比其他小朋友先认识很多字，要不要试试看？"看他没反应，我又补了一句"如果考试通过的话，就买你想要的那组乐高玩具？"这句话总算是

激发了他的挑战欲和战斗力。

　　那天，佐藤老师接到了寄来的成绩单，马上打电话给我。我请她直接开封告诉我结果，得知然然的十级顺利通过了，我们两人同时高兴地欢呼起来。这应该归功于然然的荣誉心、上进心和我不停地给予他的信心。佐藤老师说，虽然这不是一年级孩子要学会的事，但她以后会多多鼓励一年级的小朋友去挑战。

悦然的汉字检定合格证书

生存力强大，孩子才强大：不一样的日本教养

[台湾的语文课本]

然然回台湾念小学二年级的时候，我拿出日本与台湾的课本做了一下比较：一年级上下册共 32 课，日本只有 20 课。小学 6 年期间，日本的学校要求学生学会 1000 个常用汉字，台湾则是 2200 个。由于要学的字太多，台湾只能教完生字、造词、习作后，就必须赶紧教下一课。老师教得辛苦，学生也学得很吃力，根本没有时间仔细地探讨课文内容。

然然的老师说，然然从二年级插班进来，不但跟得上进度，月考还差一点儿得满分，很值得嘉奖。

我想，台湾常用的字需要 2200 个吗？何必急着在小学的 6 年里，把它们全部塞进孩子的脑袋里呢？假如能挑选出一些较难的字转到中学课本上，不囫囵吞枣地阅读，多一点儿思考的空间，说不定学生的中文素质会提升更多。

12. 家长主导学校活动——爸爸妈妈一起上学 1

[来自日本各地的学生和教师]

日本和台湾一样，依居住地而设学区，因此同校的学生大都住在附近，同在一个公园里玩大。然然是在台湾的日本国际学校念的一年级，同学来自日本各地，如北海道、东京、大阪、九州岛等，老师也全部是日本教育部严格从日本各地甄选的优秀教师。因此，然然在学校里可以听到日本各地的方言，了解各地不同的风俗习惯。

[孩子很忙，妈妈很忙]

有人曾经安慰我说，孩子上小学后，你就会清闲一些。可是，我怎么觉得比以前有更多的事要忙呢？撇开功课不谈，光参加学校的活动，我就应接不暇了。除了运动会、开学典礼、

生存力强大，孩子才强大：不一样的日本教养

毕业典礼之外，还有教学参观、个人面谈、音乐朝会、艺术鉴赏、义卖会、远足、游泳大会、马拉松纪录赛、手工麻薯制作、秋天祭典、成果发表会等。加上悦生上的日本幼儿园的节目也很多，所以每个周末，我不是去然然的学校，就是去参加悦生幼儿园的活动。应该用掌声鼓励的是，孩子的爸爸每次都会从日本飞过来参加这些活动，称得上标准的"空中飞人"。

[家长会主导学校活动]

日本的教育概念是强调学校、家庭、社会三个环节紧紧相扣，家长和学校要密切地配合。对家长会没有硬性规定，但是每次活动家长的出席率都将近95%，也就是说几乎每一个小朋友的妈妈都会到场，除非人不在国内或是生病，否则没有缺席的理由。

学校活动这么多，老师当然没有办法主导全部活动，所以由家长会来扮演关键的角色，动员所有家长参与策划、主办、执行等活动。日本太太们如此热心参与的原因，无非是先生被派遣驻台，自己随先生初到此地，人生地不熟，生活圈子比较小。久而久之，变成了"闲闲美代子"（闲着没事做）。

孩子上小学后，对妈妈来说也是一个新的考验。巧妙地处理好与其他妈妈之间的人际关系，有效地安排好自己的时间，才不会被生活的压力压得喘不过气来。

[每位妈妈都要负责一样活动]

每个学年在 4 月初开始，此时，班上的妈妈们会搞一次聚餐会。这个"鸿门宴"的主要议题就是为本学期的诸多活动确定负责人。每项活动每班都有四五位家长负责，算上中学部的家长，一项大约有 30 人，主要负责人是高年级学生的家长。在活动中，同组的妈妈们合不合得来很关键。一年级的时候，我选择负责麻薯大会，时间定在半年后，也就是 12 月，这应该算是第二学期的活动了。

我填完单子交上去时，班上活动总负责人特地把我叫住，面无表情地说："你确定 12 月时还在台湾？你的老公不会突然调职之类的吗？要是活动之前你回到日本怎么办？你倒是说说看，到时该如何负责？"我微笑地回答她说："我先生已经住在日本了。"

生存力强大，孩子才强大：不一样的日本教养

[照顾在异乡的日本妈妈]

　　然然在台湾念书的时候，学校的事我都尽量帮忙，因为我是本地人。我在美国和日本各住了 10 多年，了解住在国外的苦处，能体会她们的辛苦。我在日本时，曾经受到周围很多日本人的热情帮忙，现在轮到我照顾外国人了。我尽量学着放宽心胸，不在意小细节，常常和她们分享台湾好吃、好玩的地方，或是开车带她们去喝茶、到郊外走走。我期待她们都能开心地在台湾生活，充分享受体验台湾与众不同的美食、文化等。

[教学参观日]

　　一年级开学后的两个星期，然然学校举办首次教学参观日和家长大会。大学主修体育的女老师很大方地说，家长们不用待在走廊，请直接坐到教室后面，顺便参观一下学生的作品。

　　第一次看到然然正经八百地坐在自己的座位上，不时地偷瞄一下我，腼腆地笑一下，又赶快转回头去。

　　班上学生因为妈妈们在一旁观看，都显得有些紧张。

日侨学校的教室没有门，所以可以顺便参观隔壁二年级和三年级的上课情景。比起一年级新生羞涩的样子，二、三年级的孩子们则显得从容一些。

参观数学教学时，老师计时，让学生们做加法题

老师对我说："悦然君很乖，只是在中午休息时间，还待在教室里，没出去和其他小朋友一起活动。"

我对老师说："只要他跟同学间相处没问题，这样的事不用勉强他。"

回家后，我问然然："你下课在做什么呀？"

他说："我在想，'妈妈现在在做什么'？妈妈，你今天在家做什么呢?"

望着他温柔纯真的眼神，我很难直说自己在呼呼大睡。我修饰了一下语气说："我一边躺着，一边想然然在做什么，一不小心就睡着了。"

[慈善义卖会]

然然二年级时，我负责一场慈善义卖活动。活动时间定于端午节过后，大约在 6 月底。学校希望每位家长至少能捐出三样近乎全新、从未使用过的物品。我负责在活动前到学校清点碗盘、杯子、茶具类的物品，并将其分类摆设在各个区域。

每个家庭的妈妈都会捐出一大箱物品，如锅碗瓢盆、衣服、玩具、文具等。平时，几乎每个家庭都积攒了一些买来之后暂时未使用的物品，有心做善事，但不知捐给谁，现在赶上举办义卖会，便踊跃地将其全部捐了出来。

这些物品大多是日本生产的，虽然过时了点儿，但是很便宜，外观也不错。很多人闻风而来想挖宝，连二手业者也赶来搜购。

慈善义卖那天，我和悦然、悦生一起来到学校，发现现场人山人海，学校还专门请人搭起了类似于喝喜酒时的帐篷，摆放了一排排的板凳和几台电风扇，供大家休息享用。还有日商百货公司、日式饼干蛋糕店等前来赞助特价商品，活动现场有吃、有喝、有玩，热闹非凡。

[**然然第一次购物**]

我给了悦然 50 元新台币，让他和同学结伴逛一逛，买他想买的东西。他非常兴奋，因为这是他第一次自己花钱买东西，而且买什么，完全由自己做主。后来，他买了铅笔、笔记本、两台小玩具车，还特意买了一个小胸针送给我。

学校举办这个义卖会的另一个目的，就是提供一个机会和场所，让孩子们练习自己买东西，形成对金钱的观念。我仅仅给了悦然 50 元台币，很不经花，而他还能想到买东西送给我，我为此感到温暖而自豪。

生存力强大，孩子才强大：不一样的日本教养

[妈妈清洁工]

学校在每年暑假到 9 月开学前，都会询问是否有家长愿意去打扫教室；5 月，游泳课开始前，还会请家长清理游泳池。虽说是自愿参加，但几乎每个家长都会到场。她们穿上围裙，包起头巾，戴上手套，把教室每个角落和纱窗、窗户都清理得一尘不染，连窗沿都要用棉花棒仔细清理干净，像过年大扫除一样地除旧布新。

妈妈自愿到学校打扫卫生有象征性的意义：发挥爱校精神，把学校当成自己的家，为孩子们读书提供最干净整洁的环境。同时，也是为了让孩子看到妈妈很认真地打扫自己每天学习的地方，让他们有一颗感恩之心。校方也很体贴并尊重这些辛苦的妈妈，校长和副校长在打扫结束时，会向她们鞠躬表示敬意，并把清凉的运动饮料送到大家手上，还贴心地请人站在过道处，弹拉丁吉他唱歌，供妈妈们消暑、欣赏。

美国人是雇用清洁人员打扫校园。日本人认为，义务清

扫校园是教育的一部分，也是学校团体生活中不可缺少的一个环节。许多日本老师对孩子上课不认真并不生气，如果学生没有乖乖地打扫卫生，他们反而会发火。

日侨学校打扫卫生采取纵向分组的方式，即跨年级分组，每组都包括各个年级的人员。在打扫的过程中，高年级是"火车头"，要带领低年级的"车厢"往前跑。然然在家从来不好好收拾卫生，但我听老师说，他在学校却会主动、认真地拖地，洗刷厕所，把窗户玻璃擦得锃亮，学期结束时还拿到了"最佳努力清扫奖状"。

[游泳纪录会]

学校每年9月举办"游泳纪录会"，即游泳比赛，以此验收学生上课的成果。我很喜欢在游泳池畔光着脚丫子，戴着大大的遮阳帽，看然然穿着小泳裤，快活地和同学们尽情地戏水。不知是否天性使然，小朋友们一下到游泳池里就特别开心。

低年级的小朋友在水深90厘米的小池里，玩水中接力大赛和寻宝游戏。中学部学生就是真的测验，我看到几位胸膛结实、手长脚长的初三大男生，几秒钟就游完了 25 米自由式、蝶式。想到小小的悦然，几年后进入青春期也会长得这么健壮，不由得在心里对自己说，要好好地把握现在，珍惜、铭记他眼前这副可爱的模样。

[马拉松竞赛]

　　待天气转凉、游泳课暂停之后，就要练习长跑了。届时，学校会利用 20 分钟的课间时间，组织全校师生绕着操场跑几圈。

　　然然在此期间，不但体力增强了，胃口也变好了，午餐每次都能吃光了。他的胸中燃起了股竞争的斗志，一定要拿到金牌。

　　比赛当天，枪声一响，戴着红白帽的然然就和同学们一起，迈着小小的步伐，紧握拳头，奋力地往前跑去。跑出校门口，绕过一整排椰子树，穿过长满野花的田间小路，再回到操场时，他们个个挥洒着汗水，进行最后的冲刺。很可惜，然然没有拿到金牌，但是他和全班的小朋友都获得了老师颁发的"努力跑完奖牌"，大家都很开心。我心里也很佩服这些小小孩的毅力。

日本著名的脑科学家筱原菊纪认为，跑步是一种有氧运动，脑细胞会因运动而活跃，从而达到开发大脑的目的。

日本人很早之前就酷爱跑马拉松，最为人津津乐道的是，已经有 40 年历史的"夏威夷马拉松比赛"，赛程约 42 公里，有将近 1.5 万人从日本专程飞去参加。

我想，马拉松比赛最重要的是练习的过程，它可以让孩子产生充分运动的欲望。日本的教育界人士认为，低年级的孩子最该做的一件事就是锻炼体力、强壮体魄。有了这个基础，才有可能在其他方面取得更好的成绩。

13. 没有成绩单的学校——爸爸妈妈一起上学 2

[每天早上例行的健康确认]

日侨学校每天都有"健康确认"，这方面与台湾小学大不相同。然然进入教室后，先进行早自习阅读，之后佐藤老师就开始点名，确认一下每个小朋友的健康状态。大部分人都会回答："我很好。"不过一年级小朋友的状况比较多，如"早上流鼻血""昨晚洗澡时滑倒，膝盖瘀青""出门时被弟弟撞到头了"等。老师确认大家的伤势后，会让担任卫生股长的然然和良美手牵着手，把健康状况表交到保健室，然后开始正式上课。

[音乐朝会]

学校每两个月举办一场音乐朝会，由不同年级的学生轮流上台演奏，请全校师生和来宾欣赏。然然一年级时，班级准备了全班合奏节目。确定了表演节目后，所有小朋友及妈妈都抢着要吹口风琴，因为口风琴表演者是主奏，最受瞩目。

人生没办法永远当主角，能把小角色演得精彩的人更值得喝彩。爸爸妈妈不能一辈子都挡在孩子前头，为其事先铺一条闪耀平顺的路。我的人生航道上虽然没有惊涛骇浪，但也经历了不少疾风骤雨。我发现存留下来的赢家，都是能伸能屈的大丈夫。

然然负责的乐器是三角铁。音乐朝会前两个星期，刚好有音乐课的教学参观。我看到然然和两位小女生一起练习三角铁，小女生由于抓不准节拍，老是敲错。然然不但没怪她，反而热情地告诉她自己的诀窍，教她先用手打拍子做练习，再实际敲三角铁。

全班合奏的成功与否，并非在于上台表演时准确地把乐曲演奏出来，团队成员在练习阶段的合作过程中，同心协力，步调一致，才是最难能可贵、最具成功意义的。看着其乐融融的三角铁组，我无意中发现了小女生们看然然时那崇拜、信赖的眼神，觉得很欣慰、骄傲。这就是我最想教出来的孩子。

生存力强大，孩子才强大：不一样的日本教养

[夏日祭典]

日侨学校每年举办的祭典园游会都对外开放，供人们参观，而且还会邀请未来的一年级新生参观学校。然然还在幼儿园的时候，就收到过这类邀请信。

举办祭典园游会这天，然然和悦生会穿上"甚平"，即小男生上衣加裤子的和服，和熟识的小朋友相约去每个摊位逛一逛。园游会的活动丰富多彩，有钓水球、捞金鱼等，还能吃到炒面、刨冰等当地风味小食品。园游会结束时，游客意犹未尽，举办方会及时奉上一场花火表演。

园游会虽然是在台湾举办的，但因为有日本企业的大力赞助，其热闹程度和在日本举办的不相上下，而且还有神轿，游客们穿上"浴衣"尽情地跳"盂兰盆会舞"。许多日文系的外国留学生也会赶来参加，借机练习日文，体验日本文化。

然然和小朋友们卖力地抬着大家一起做的小海豚神轿

日本各地举办祭典的时候，都会载歌载舞

生存力强大，孩子才强大：不一样的日本教养

[辛苦的活动委员]

虽然参加活动很开心，但是执行委员会事前要忙上大半年。有一年，一年级班级决定卖炒面面包，就是中间夹上日式面的面包。负责此事的妈妈事先准备好食材，分给其他妈妈，并详细地解说了每个制作步骤和细节。第二天早上大家要在自家手工制作 20 个炒面面包，包装好后带到会场出售。

为了卖冷饮，每位家长都要在家里用塑料瓶装满水，放入冰箱冷冻，然后装入保温袋带到摊位，再放入装饮料的箱子里，为饮料降温。所有活动过程的细节都要经过一一考量，确保万无一失。

[宿泊学习]

日侨小学的宿泊学习是每个小朋友最期待的时刻了。三年级以上的小朋友白天远足，晚上直接住在学校，晚饭是自己煮，饭后还有营火晚会等活动。很可惜然然是一年级，不能在学校过夜。

远足日当天，我送然然去坐校车时，看到高年级的学生都

提着小行李包，准备当晚睡在学校。如果今天是然然第一次住校，我应该也会担心、牵挂吧。

我询问身旁一位高年级孩子的妈妈，此刻心里是否装满了牵挂与担心，她说："不会呀，我很开心。终于有这么一天是孩子不在家的，机会难得，晚上准备和老公吃浪漫大餐。"

其实宿泊学习的主要目的，并非是让小朋友尽情玩乐，它是日本教育部明文规定在"新学习要领"里的活动之一，目的是为了给孩子们提供一个体验独立生活的机会。有的日本幼儿园会在暑假的时候，举办宿泊活动，培养小朋友自立的精神。

[**个人面谈代替期末成绩单**]

然然三年级时，转学回到日本。第一个学期结束的那天，他放学回到家里，爸爸脸上露出神秘的微笑，问他："拿出来吧，那个……"

然然困惑地说："什么东西？"

爸爸一脸不相信的表情，说："成绩单呀。不能藏起来喔，怎么可能没有发？不然我去问问老师。"

然然很委屈地说："真的没有。"

原来，然然念的这所精英小学，30 几年前就取消成绩单了。相反，期末时老师和家长的一对一面谈是很细致、很慎重的。老师向我们介绍了然然每个学科的学习情况和表现好的地方，时间将近 30 分钟。的确，孩子的表现，不是 A、B、C、D、E 中一个字母就可以判断的。

例如理科（自然）老师说，然然的头脑反应很快，经常有新的想法，但是植物的日语名字还不熟悉，认识的种类比较少，所以测验时没有得满分。的确，像这样的情形，是给 A还是 B 呢？理科的实力是 A，但是测验成绩是 B。

我很理解老师评分时的为难之处，给 B 吧，怕我既不开心又不服气，给 A 吧，对于测验得满分的同学来说又不公平。因此，这所精英小学从不发成绩单，但为了让家长了解自己孩子的学习状况，便采用了一对一面谈的方式，能够提供比较准确且有实质上的帮助。

我有一位当老师的同事每到发成绩单时，就非常忧郁。我对他说，既然如此，就申请调到这所精英小学好了。他想了想说，这其实更麻烦、更费神。和家长面谈，必须秉持公平公正的原则，掌握每位小朋友的行为表现，这可不是一件简单的事。说出学生表现好的方面不难，但要直接对家长说他们孩子的缺点，就要说得很婉转，才不会使家长反感或造成误会。

[学习交友]

老师除了向我们介绍然然的功课情况外，还谈到了他和同学相处的情形，以及体育运动方面的表现。然然刚转学来的时候，很少出去活动，总是待在教室里；现在一下课一溜烟儿就不见了。然然从不欺负女生，所以身边常常围着很多女生。

我对老师说，然然从入幼儿园起，旁边就都是小女生，他并非和她们一起玩煮饭、过家家之类的游戏，而是在一旁画画、看书当"爸爸"。

面谈是家长难得的和老师单独沟通的机会，老师也想了解学生在家里的情况、以前的学习情况以及与家人相处的情形，等等。面谈使老师和家长可以交流彼此的教育观念与想法，达到双向沟通的目的。我很认同这一做法。

小孩不爱午睡

　　然然喜欢日本小学的一个原因是，中午没有午睡，中学也没有。我对日本同事说，在台湾的学校，学生中午吃饱饭后，都会趴在桌上睡一下。大家听了都羡慕得不得了。

14. 鼓励看"闲书"——喜欢看书的兄弟俩

[早晨的阅读时间]

　　从小学一年级开始，然然每天的早自习时间就是阅读。大家都不能说话，要安静地坐在座位上看自己喜欢的书。教室后面有一排柜子，上面摆放着许多绘本和各类书籍，很多都是学生在家看完后捐出来的。参加教学观摩课的时候，我看到了然然班上同学不同的个性：Momoko 低头很专注地看书；然然很快地看完一本又换一本；Masahiro 则望着窗外发呆；Hiroshi 一副很想找人聊天的样子，但又没办法说话……我发现，不管孩子们的表现如何，佐藤老师都不会出声干涉，顶多用眼神"关注"一下。也就是说，不管孩子喜不喜欢，早自习时安安静静地坐 15 分钟是必需的。

[**看自己喜欢的书**]

这种早自习阅读的习惯，很多人会从小学一直持续到中学。我在日本一所升学率很出色的中学教书的时候，有一次跟学年主任一起到一个班视察早自习，发现全班鸦雀无声，所有同学都在安静地看书。我仔细一看，学生们拿着的几乎都是小说之类的文库本[1]，并不是教科书或参考书。连中学三年级的学生也在看小说，阳光帅气的男老师也在自己的座位上专心地看历史小说，整个教室溢满了浓郁的书香气息。

我想起自己上中学时，从早自习就开始小考，每天考五六科；课外书不能带到学校，一旦违反校规，不仅书会被老师没收，还可能受到被警告或记小过之类的惩罚。也不会有同学胆

---

[1] 文库本，在日本一般指平装、A6 大小、105mm×148mm 的版面的图书。

大包天在早自习时看"闲书"，若是被发现看言情小说，还会被通知家长。幸好，听说现在的中学生也有晨读时间了。

[开放的图书馆]

然然的学校除了每天固定的早自习阅读时间，每周还有一堂日语课，就是组织小朋友们到图书室，互相交流感想或意见。图书室规模不大，但是收藏了为数不少的各种各样的书籍。然然二年级时，那一阵子班上的同学之间流行看《怪杰佐罗力》系列故事。该书讲的是一只爱搞恶作剧的小狐狸和双胞胎山猪的冒险故事。

小朋友们还很喜欢一种叫作"纸芝居"的绘本，是一张一张分开的，A3 或全开大小的图画，通常是老师用来讲故事给全班同学听的。因为一般书店很少卖，一般人家里也很少有，所以小朋友们都很稀罕这样的书。

图书室是不上锁的，下课时间随时都可以进去。每当然然发现好书时，就会回家请我到学校图书室去阅读这本书。这里随时恭候学生家长的莅临。

[书是要让大家看的]

在日本的小学，很多书柜都摆在走廊，是开放式的，书架很低，小朋友伸手就可以拿到书。同时还有很多舒适的座位供小朋友们使用。图书室一般都安排在学校的显眼之处，不会选在偏僻的角落，目的是让小朋友们路过此地时，自然而然地进去看看书。

日本几乎所有书店的童书绘本角落都会安放小椅子，让小朋友坐着看书，上千本新书可任意阅读。我常带着悦生到书店里看书，一旦看得入了迷，一两个小时眨眼间就过去了。日本的物价和台湾比起来几乎什么都贵，只有图书便宜，文库版一本才550日元（约合人民币33.5元），所以早些年在很多场所，可以看到几乎人手一本书。尤其是在智能手机还没有流行时，东京电车里就像教室一样，不分男女老少，大家都在安静地埋头看书。

[爱买书的中野屋家族]

我先生很喜欢看书，从漫画、侦探到纯科学类，他几乎无所不看，就是不看爱情小说。每个周末，他都会去书店逛两个小时；出门开车累了，停在便利店门口，我去买咖啡，他则站着翻看刚出刊的漫画，看完后就精神百倍。

对于为悦然和悦生买书这件事，我们有不同的意见。我先生会无止境地买，无论什么书，只要喜欢就买给他们，结果家里积压了一大堆很类似却没有看完的书。

我的原则是，看完一本再买新的，或是在书店里说想买且说过两次以上的，特别想看的才会买。我相信真正的渴望才会带来阅读的动力。前阵子孩子之间很流行的《雷神巧克力》就是很典型的例子，买不到时大家都去疯抢，有的人还托人到日本去抢购。最近我在台湾的便利店货架上却看到了很多，估计是风潮过去了，大家想阅读的欲望也随之降低了吧。

我在北海道的家，跨过一条街就是购物中心，里面有一家我先生从小就常去的熊泽书店。悦然和悦生不管是夏日炎炎，还是冬天白雪皑皑，每天至少都要去书店报到一次。两个小朋友很机灵，知道妈妈不会随便买书，就让奶奶或爷爷下午带他们去书店。

我对此也无可奈何，只能对哥俩命令式地说："买了就要看。"他们每次带三个空行李箱回北海道，回家时都塞满玩具和书，还常常因放不下而用快递寄送。

[两个小小作者]

然然在家里看我写书，也模仿起来，把 A4 纸对折，再用订书器将这些纸合钉起来。他写的内容是一本教小朋友日文的"书"，把一些小学会用到的单字，如荡秋千、跷跷板等，用中日文注音对照，附上画图说明。附录是书写练习，每个字用红笔仔细注明笔顺，还用点点描描看。最近他又出了一本 16 页左右、中文繁体字和日语汉字写法不同的"工具书"。

悦生也学着哥哥，用便条纸做成一本 22 页的关于魔法棒的故事书。附录是汽车标志的小图鉴，画上奥迪的 4 个圆圈、奔驰的 3 个叉，旁边很用心地写了英文。

生存力强大，孩子才强大：不一样的日本教养

[大学考试的关键：阅读写作]

我先生坚持让悦然和悦生大量地阅读书籍的原因是，他认为阅读可以提升写作能力。在日本学校，寒暑假作业都要写感想。然然的老师会让小朋友写图画日记，写完就夹在同一个文件夹里，全班传阅。轮到自己写的那一天，就可以看到前面同学的作品。

我先生说，在日本写作能力是升学的关键，关系着悦然和悦生的前途。像东京大学和京都大学的入学考试，只考"小论文"和外国语。小论文按字面的解释就是短篇的论文，需条理分明地阐述自己的意见和想法，以及支持的理由和佐证。可见，从小培养独立思考能力是很重要的。

[培养独立思考能力]

思考是一种习惯，是可以养成的。我的口头禅是"用头脑想一想"，很多事情我不直接给出答案，或是我回答不出来时，就会把这句话搬出来。有一次悦生问我："为什么红绿灯的顺序是红黄绿？"我说："你先用你聪明的头脑想一想，为什么呢?"

我试着不管大小事情，都事先征求然然和悦生的意见，不把他们当成不懂事的小孩。"你觉得怎么样？""为什么会这么觉得？""换作你的话，你会怎么做？"

我开车等红灯时，看到路边的新房子，就问孩子："然然，你觉得这间房子盖得好看吗？为什么你喜欢？你想要盖什么样的房子呢？车库要在哪里？"当然，最后难免会确认一下："将来要不要买像这样漂亮的房子给妈妈住？"

台湾现在很重视阅读习惯的养成，台中市等县市让所有的小学生在线认证，登记自己读过哪些书。还会询问几个与书本内容有关的简单小问题，帮助确认小朋友的理解程度。我和悦生上网登记时，发现有许多书都是我们在日本已经读过的绘本，看到翻译成中文的版本，觉得很亲切。

日本和台湾的大学入学作文题目

台湾作文出题范围比较广而且感性。1995 年是《想飞》，1997 年是《如果当时》，1999 年是《探索》，相比之下，日本的题目比较理性而艰深一点。

下面是 2013 年日本大学名校出的小论文题目：

筑波大学人文学系：请先整理这篇《阅读可以带动自我重整》的大意重点，再叙述自己的阅读经验及将来在大学里的抱负（1200字）。

东京医科齿科大学医学部：读过这篇《人体骨骼构成》的文章，请叙述及比较你对自己身体的认知和作者有什么不同的地方（650字）。

15. 自由研究——令人头痛的暑假作业

[薄薄的暑假作业本]

日本学校是 3 个学期制，樱花盛开的 4 月初开学，到骄阳似火的 7 月中旬就开始放暑假了。

学期的最后一天，然然带回来人生第一本暑假作业。日语加数学就只有薄薄的一本，他一天写一个小时，两天就完成了。

作业本写完后是要家长自己批改的，小朋友也要把错误之处订正好。

[什么是"自由研究"]

作业写完了，剩下一个叫作"自由研究"的项目。虽然好像在书店里常看到相关的书，但我还是丈二和尚摸不着头脑，对要做什么没有具体概念。

我问先生该怎么办，顺便想把责任全部推到他身上。他则胸有成竹地说："没问题！全包在我身上。"

我心想，先生是日本国际太空站的主任，就交给这位太空科学家吧。

"自由研究"这个课题，从我先生上小学时就有了。它最早可以追溯到20世纪20年代，当时日本想摆脱"填鸭式"的教育，希望借此全面提升学生的思考能力，于是自由研究的风气逐渐盛行起来。

现在，几乎每个日本小学到中学的暑假作业，都规定要"自由研究"，开学后还会有成果展览会或进行县市比赛。因全国的小学生和中学生都要做"自由研究"，故此市场和网络便与时俱进地开发并存储了许多与此相关的资料，供中小学生查阅。

生存力强大，孩子才强大：不一样的日本教养

我在网上搜索"自由研究"的定义，竟然看到了这么一句："自由研究是小朋友及父母暑假烦恼的根源。"对此，我深有感触。

[父子意见不合，主题难以确定]

尽管孩子爸爸拍胸脯保证，但围绕"主题做什么"这个小前提，父子俩就意见不合，后边的事情还怎么做呢？然然朝定暮改，一会儿想做动力车，一会儿想做弹珠台。连奶奶也兴致勃勃地参与讨论，提议用彩色铁丝编花篮。小班的悦生也在一旁凑热闹，说他想研究上次从大雪山捡回来的火山石。我家的现状，正应了网上所言，被"自由研究"搞得很烦恼。

[然然历年的主题]

经过激烈的讨论，然然决定做会发光的火星探测车。刚好那年美国成功地发射火星探测车。爸爸建议装上马达，让探测器自己跑，并准备到铁道模型店买零件。我坚决反对，因为这不是一年级小朋友能做的东西。虽然允许家长参与，但也未免有点异想天开了吧。最后父子俩被迫修正方向，装上电池，接上小灯泡，让探测车一边走一边发光。

然然二年级时，在奶奶的强烈推荐下，自己手染绘图T恤。然然画了一个红通通的大西瓜，用染料染在白色的棉质T恤上。

悦生也在一旁凑热闹，画了一辆跑车，又很酷地签上了自己的名字。

今年然然升三年级了，做的是白垩纪的化石研究。我们一家四口特地跟随化石研究员到北海道深山的河床上，找到了贝类菊石亚纲。后来，然然这个作品还被推选出来，代表班级参加学校组办的展览赛。

在然然的感染下，悦生研究火山石的兴致更浓了。那些日子，他在路上一看见石头，就拿起来左瞧右看，常常很兴奋地喊道："是化石！"

[研究成果报告]

"自由研究"虽说立意很好，有学习价值，但做起来非常麻烦。模型做出来上交时，还必须附上一份不限格式的报告。我曾看到小学三年级比赛获奖的作品，其报告真是令人印象深刻。上面清楚注明研究的动机、调查的事项以及自己的假设；还有准备了哪些东西，用什么方法观察，得到了什么结果；学的知识及需要反省的地方。报告巨细无遗地用文字、图表和数据加以解释说明，最后还要标注参考数据和书籍的出处。整份报告当然不是像成年人用专业方法制作的，而是小朋友们可爱的手绘风，用毛线串起每一页，其创意角度和制作水平完全超出了我对小学三年级学生的想象水平。

[自由研究的类型]

在陪然然查资料的过程中，我逐渐地明确了自由研究对小学生而言是一件非常有趣、并具有现实意义的事情。小朋友们通过"自由研究"，把自己的创意和学到的知识结合起来，运用到实践中，既提升了思维能力、动手能力，又从中获得了成就感，强化了自信心。现在然然只要发现有趣的事就想研究一番，或者想把它当作暑假自由研究的题目。"自由研究"名副其实，的确是全自由的，可以选择各种各样的题目。这些题目基本上分为科学实验型、社会调查型、环境观测型、美工劳作型。我对"自由研究"也产生了兴趣，参照网上的流行风，决定做实验型的研究，选择的题目是《香蕉也会被晒伤》，即把香蕉用铝箔纸包起来，涂上防晒霜，观察香蕉日晒以后发生的变化。

社会调查型研究中有《调查自动贩卖机》，总结并归纳出了这几年自动贩卖机的省电功能，以及附加社会贡献功能。例如，地震发生时自动贩卖机会打出跑马灯警示，或是发生公共灾害时它会设定机里的饮料或饼干，灾民们不用投币就可以取用。

日本的研究机构一般都有固定的对外公开日，是暑假自由研究者找题目素材的好地方。我家位于筑波研究学园内，那里是日本的国家级研究特区，有 300 个大型研究机构。如老公工作的日本太空总署、诺贝尔得主的高能加速器研究机构、产业技术综合研究所等。我们常去参观，并动手做一些和生活有关的科学实验。馆方在开放参观日那天，通常会忙得不得了，但行程满档的科学家及研究人员还是会抽空到现场陪小朋友们做实验。

也许是日本人从小就做"自由研究"训练的原因，他们喜欢探究事情的根源，总是尝试从不同的角度进行分析，从而拓展出新的创意。

然然穿着太空衣

太空升降梯

火星探测车

太空梭控制舱内部

[**自由研究的好处**]

我看着这些自由研究的展览作品，开始理解为什么日本要硬性规定以自由研究为课题了。如果孩子从小每年都认真地亲手做自由研究，除了可以学到很多知识，了解做学问的方法，还能训练独自思考的能力和归纳整合的技巧。

听说有很多孩子从小学到中学，9 年里都只做同一个主题。我先生有一位同事中川小姐，有一次在聚餐时对我说，她从小就对南极特别感兴趣，从小学一年级开始，自由研究的题目就都是和南极或北极有关的。直到东京大学的博士论文，写的仍是和极地相关的内容。她现在就在极地研究部门上班。很难想象这位温柔婉约、出身名门的大家闺秀是日本极地研究界的佼佼者。在东京大学面试时，教授们听到中川小姐从小到大都研究同一个主题，对她印象非常深刻。学术研究工作要相当执着，才会取得成果。他们一致认为她正是东京大学所需要的人才。自由研究的成果，成了她进入东京大学的"门票"。

16. 游泳、乐器与料理——日本小孩在课后做什么？

在日本很少有才艺班，然然4岁时才去雅马哈上音乐班。后来他回到台湾念书，我让他继续在雅马哈上课。在那里，他碰到了一位很棒的老师。我发现，日本和台湾两地教的内容几乎一模一样，连播出的电视广告画面也相同：一群很可爱的小女生唱着"do re mi fa so ra- fa, mi re do"。

生存力强大，孩子才强大：不一样的日本教养

[日本受欢迎的才艺]

在日本最受男孩欢迎的才艺是游泳，几乎有三成的人从小就热衷于游泳这个运动项目。除此之外，就是棒球或足球之类的运动。这些人进入小学或中学后，大多数会进入校队。女孩则大多选择学习乐器类，入学后会继续在学校乐队演奏，参加各类比赛。在日本，学才艺并非易事，一旦上手就必须坚持到底。

[亲子料理]

最近，日本很流行亲子料理课。很多购物中心或大型超市都会不定期地开办亲子料理课，而且非常受欢迎。妈妈和小朋友都会穿上围裙，小朋友有儿童专用的菜刀、剪刀等料理工具。孩子自己动手做菜，好处颇多，除了能知晓不少食材的名字并了解其营养成分外，也会从中体验到妈妈做饭的不容易。同时，还可借品尝菜肴来训练味觉，通过摆饰配色提升审美和动手能力，满足了小朋友们创作的欲望，也给他们带来很大的成就感。

自己动手做料理让悦生初步有了容量的概念。有一次做法国吐司，本来只要 80 毫升的牛奶，他一失手倒多了，变成 120 毫升。他吃完之后说："刚才加的牛奶太多了，变得糊糊的，不好吃。"

自己动手做料理还让悦生强化了头脑中的时间概念。有时我煮饭，他会在旁边使用计时器，随时提醒我："荞麦面煮两分钟就可以，煮太久会不好吃。""鸡蛋要煮 10 分钟，时间长一点，不然就会没熟透，只好叫爸爸吃。"

让孩子从小养成"食育"的概念，是最近日本的教育重点之一。食物是每个人每天都要吃的，关系着自己的身体健康。日本人认为孩子必须从小就培养自我健康管理的意识，因此特别强调运动和食育。

奶奶关于食物这方面的知识非常丰富。每种食品包装上的成分说明及添加物，她都读得非常仔细。她是传统的日本女性，凡事能忍则忍，唯独对吃泡面这件事无法忍受。听说我先生小时候，有个保姆让他吃泡面，奶奶当场就把她解雇了。

生存力强大，孩子才强大：不一样的日本教养

[骑马体验]

骑马在日本很流行，电视也经常转播"天皇杯"马术大赛。自从在北海道和爷爷骑过一次马之后，然然和悦生就着迷了，一直念叨说要去学骑马。刚好在我们常去的高尔夫球场旁边有个骑马俱乐部，可以让孩子学骑马。

第一次去的时候，我没有勇气骑，可是当天已经没有小马可以让悦生骑了，我只好硬着头皮，和悦生一起乘骑一匹白色夹杂棕色点点的母马。

后来我发现，马虽然很高大但是很温驯、听话，拉拉缰绳它就会停下来，踢踢肚子它就迈开步子，让人觉得很放心。而且，骑在马上的感觉确实很棒。

然然很快就和他骑的小马成了好朋友。悦生后来也开始独自骑小马。每次去马场，他俩都笑得合不拢嘴。哥俩每次骑完马，都会拿出带来的胡萝卜喂马，然后才依依不舍地回家。悦然和悦生骑马时那种喜悦和满足的表情，是我从未见过的。

然然第一次自己骑在马上

[台湾五花八门的才艺班]

我回到台湾时，见到满街都是各式各样的才艺班，顿时眼花缭乱、心动不已。入乡随俗，我好像也应该让然然学点儿什么才好，而且每个才艺班看起来都不错，再回到日本可就没有这么好的机会了。我先生知道阻止不了我，便说："多学点不同的才艺很好啊！但前提是然然喜欢，不能逼他。"

如此一来，然然每天的日程被排得满满的，像跨国企业的 CEO 一样忙，今天学云门韵律舞蹈、雅马哈音乐、小提琴、钢琴，明天学游泳、普通话正音、书法，在幼儿园还要学诛算和美术。为他当"秘书"兼司机的我，也跟着忙得团团转。

等到悦生长大时，我感觉累了，而且他也不想专门去学点什么才艺，这样一来就有比较多的时间待在家里，有时会跟随我去游泳。时间一长，我发现悦生因为与我相处的时间较多，我们两个人一起看看书、散散步，这使得他变得更快乐、更开朗了。

由此得出的结论是，孩子上才艺班与否取决于他对此有无兴趣，兴趣是最大的动力。孩子对某种才艺有兴趣，才能学得好、学得持久。否则，就不必勉强他。其实，获取知识与技能的渠道有很多，接触不同环境的人、事、物也是一种社会体验。等到将来有一天，孩子自己想学时也不晚。

17. 红白大对抗——重视"体育"的手段之一：运动会

[爸爸妈妈也期待的运动会]

电视上经常播出新的数码相机或录像机的广告，主题大都是小朋友参加运动会比赛的画面：可爱的小朋友们戴着红白帽，奋力地往前奔跑，妈妈在一旁挥着旗子呐喊："加油！"爸爸在不同的位置进行拍摄，双眼紧盯着领先冲向终点的孩子，嘴里不停地大声呼喊。

这些情节都是真实的，画面则是虚构的。爸爸妈妈并非长得那么英俊潇洒或美丽动人，孩子也不一定是冠军。还有，未取得名次的孩子妈妈也未必是一副惋惜加不服气的表情。

日本人从入幼儿园起就非常喜欢看运动会。运动会的高潮是小朋友的接力赛跑和爸爸们的拔河。

然然在小学二年级的运动会上跑了第一

[小朋友的赛跑]

　　然然在保育所时最令人期待的活动就是运动会。他参加的第一个项目是赛跑。老师的枪声一响，然然很小心地左右确认了一下，看到同伴们都起跑了，才放心地往前跑，结果当然是最后一名。然然并不觉得有什么不好，反倒是在一旁的爸爸脸色有点儿难看，想必是内心有些失望又不好意思说出来。

　　第二年，然然升中班的时候，爸爸就不停地告诉他，老师的枪一响就要起跑，其他小朋友没跑也没关系，自己往前跑就行了。果真，这次枪声一响，然然就迅速地起跑。他头上绑着小红带，尽最大力气往前跑着。快到终点时，他旁边的小女生却突然跌倒了，整个人趴倒在地上。然然见了立即停下脚步，走回去扶起她，然后拉着她的手，看着她的眼睛，很担心地问："有没有关系？还好吗？"

直到老师、家长过来，他才想起自己还没跑完呢，于是继续往前跑。在终点，然然高高兴兴地领到了跑完全程奖。他这次有所进步，不是最后一名，而是倒数第二，因为跌倒的小女生倒数第一。

老师很感动地对我说："然君友善！"

我想，人生起起落落，必然有输有赢，始终有一颗善良纯真的心，比什么都重要。我很骄傲自己的孩子把扶起跌倒的小朋友看得比取得第一名还重要。

日本的很多家长都期望自己的孩子有运动天分，长大可以进职业棒球队，最好还能被美国大联盟或是红袜队发现并选入，获得数十亿年薪；或是当足球运动员，在世界杯足球赛上大放异彩，为国增光。

小朋友们的短跑结束，轮到爸爸们上场，进行最紧张的拔河比赛了。爸爸们戴上手套，人人用尽九牛二虎之力，生怕输了面子上挂不住；更怕小朋友们纯真失望的眼神刺痛自己脆弱的自尊。

[运动日的午餐大作战]

运动会结束之后，就到了最令人期待的吃午餐时间。午餐得是妈妈亲手做的，这个"妈妈午餐"还有不成文的规定，热狗要做成小章鱼，苹果要切成小白兔，米饭上要用海苔剪两个圆圆的眼睛，还要插上有新干线或可爱兔子的小旗子，总之午餐的重点是"可爱"。因为小朋友会拿着它到处跑，让其他同学看，妈妈则在后面一边追一边说"吃饭要坐好不要跑呀"，一边偷偷地观察别人家准备了什么样的午餐。

为了准备"作战"，每逢学校运动日，太阳还没升起，我就开始洗手做羹汤了。宫崎县黑毛和牛做成烧肉口味、稍微烤一下就可以吃的甜虾，搭配北海道产的青嫩芦笋和透红的高原桃太郎西红柿；水果是金黄、绿色的奇异果和佐藤锦的樱桃。整体视觉除了可爱之外，颜色也要搭配得好看。

我这样大费周章地选择新鲜的食材，为的是让然然吃得一口都不剩。若是不好吃或没吃完，场面可就不好看了。

[日侨学校的运动会]

我就这样很卖力地做了几年运动会午餐。后来然然在小学一年级时回到台湾念日侨学校，我以为自己从此可以不用再起早做羹汤了。没想到，台湾的日侨学校运动会更是盛况空前，就像正式的体育大会，而日本妈妈们还是坚持亲自做午餐。在台湾明明到处都买得到热腾腾的排骨饭，而且还可以叫外卖，既方便，又好吃。为什么要在大热天里，起个大早做好午餐带到学校去呢？听人说，这样才能让孩子感受到妈妈的爱。

[红白大对抗]

日本学校的典型运动会，分红白两组相对抗。两组都有各自的啦啦队摇旗呐喊、助威叫阵，拼尽全力争夺总冠军。参加的小朋友们都戴着红白两色帽，这种帽子里外颜色不同，一面是红的，一面是白的，是哪一队就戴象征哪一队颜色的帽子。

不只是运动会，日本很多的竞赛活动，参加者也都会分成红白两队。就像每年除夕夜 NHK 电视台的红白歌会（官方称"红白歌合战"），一定是红色和白色，不会突然变成黄色和蓝色大对抗。

　　虽然参赛选手年龄小，但进场时个个雄赳赳、气昂昂的，犹如正式运动赛事中的运动员。第一个小选手掌旗，后面的每位小选手都摆手迈大步；场外的爸爸妈妈们则是兴奋异常。"组体操"是最令人捏一把冷汗的项目，身材高大的孩子站在地面，小一点儿的站到他们的肩膀上，像叠罗汉般逐次往上叠，中低年级叠 3 层，到高年级和中学就都叠到 5 层或更多层。这项运动旨在培养小朋友的耐力和集体荣誉感。

组体操

滚大球

　　除此之外，还有一些适合小小孩的项目，如悦生最喜欢的"滚大球"，球比他还大。还有亲子项目"红白丢丢球"，两个队进行投篮竞赛，谁投进的球多谁是赢家。

[台湾小学的运动会]

　　然然二年级时，转学到我小时候念书的学校。该校举办的运动会一开场，乐队会先奏校歌："台中胜地，公园之边……"歌声唤起了我深藏多年的小学时的回忆。再回头看着身后的然然，不禁感慨万千。当年还是小学生的我，参加运动会唱校歌的时候绝对想象不到，30 年后，我的儿子会同样出现在这片操场上，在同样的起跑线上，奋力跑向终点。

运动会全场气氛热闹欢乐，场上的人进行赛事，场下的人自由聊天。在台湾，到校参加孩子运动会的父母并不多，我突然有点儿怀念日式的运动会了，不过一想到不用再辛苦地做"运动日午餐"，又开心得不得了。

18. 有趣的职场体验——重视"体验"的日本教育

让小朋友上才艺课，培养个人的兴趣爱好，长大成为职业音乐家或画家当然最好。如果孩子没有天赋，不能步入艺术天堂，不妨降低期待值，希望他长大后以进入职场为开端，逐步地融入社会。如此，让他们提前认识并了解职场的规则、人际关系等，就成了一件很重要的事情。

日本在小学三年级开设"社体"课，中学二年级开设"职场体"课，目的是让学生及早发现自己的兴趣和潜能，以免大学毕业时，不清楚自己的人生方向。

[有趣的职场体验]

悦然和悦生非常喜欢去社会体验乐园体验各种职业，这是由日本各大企业赞助的社会体验乐园。社会体验乐园在日本很受欢迎，为了让每个小朋友都能玩得尽兴，每场会限制人数，所以家长必须提前在网上预约。即使我在预约的那天提前一小时到场，门外等待入场的人仍然排起了长龙。

在这里，成年人无法参与体验活动，小朋友才是主角。我之前以为，小朋友们在这里玩的大概就是过家家、角色扮演之类的游戏。没想到，他们是在玩真的。房子是比照原建筑2/3的比例盖的，有将近80种职业体验，各种职业的指导员都非常专业，一点儿都不含糊。

然然最喜欢的体验活动是当足球运动员。教练会测试他的奔跑速度，并给出一份非常专业的分析报告。兄弟俩还去东京电力公司当抄表员，把所赚到的钱，存到三井住友银行，当然，里面的员工都是参与体验的小朋友。最有趣的是还有结婚体验，这项活动是由日本最大的结婚情报杂志赞助的。小朋友分别装扮新郎、新娘、婚礼策划师等。社会体验乐园里，还有相关单位的派驻人员，如警察、消防员、律师、法官、检察官等，履行维护秩序之责。

　　然然和悦生穿上各种各样的制服或工作服，显得非常可爱。虽然重点不是拍儿童写真，但陪同的每个家长无不猛按快门。在这个地方，对孩子来说，可以摸索着找到未来，对父母来说，也似乎看到了他们的未来。

然然和弟弟是东京电力公司的抄表员

国外也有社会体验乐园，但日本办的最成功。这里有日本企业大力赞助的功劳，但是更取决于其自身投入的力度大、追求完美的专业意识、深植于职业文化的传统及着眼点等与众不同。社会体验乐园除了让小朋友有机会尝试实现自己的梦想，拓展社会经验外，还可以让小朋友实地体验各行各业的辛苦，树立尊重每个职业的社会公德。

[企业博物馆]

日本的经济新闻常常整版地介绍各个企业的博物馆，欢迎父母们在暑假期间带着小朋友前来参观。日本的大企业一般都有自己规模大小不等的博物馆，而且绝不仅仅是一个长廊、几张照片、一部影片而已。日本的企业博物馆，有松下数理体验博物馆、日清泡面博物馆、丰田汽车博物馆、普利司通 F1 汽车动力馆、三菱的未来科技馆，等等，多到数不胜数。每个博物馆都像万国博览会一样丰姿多彩，引人入胜，可以让小朋友们在互动中观摩、学习，激发出极大的想象力和潜能。

日本的大企业做预算划拨资金成立博物馆，是颇具远见卓识的。他们深知，孩子是未来的主人。帮助他们健康地成长，离不开社会各界的支持。日本企业能做到的，我们也能做到。

19.培养健康的饮食习惯——重视"食育"的日本教育

[什么是"食育"]

近几年，日本中小学学校里大力推广"食育"，即饮食的教育。其定位与德育、智育、体育同等重要。中小学生在实际的饮食体验中，学习与食物相关的知识，并逐步养成对健康有益的饮食习惯。

[上幼儿园要学会的第一句话]

然然上幼儿园学会的第一句话是："いただきます。"

吃饭时，每个人须双手合十，异口同声地说："いただきます。"然后才能端起饭碗。饭后不能马上站起来，要说一句："ご驰走样でした。"

然然让我猜一猜这两句话的意思。我把这两句话翻译成

"我要开动了"和"我吃饱了"。老师告诉他，两句话都含有"谢谢大家"的意思。

要感恩大自然，感恩种植粮食、蔬菜的农民，感恩做饭的阿姨，感恩帮忙分菜的同学。日本饭前和饭后的感恩仪式跨越了宗教，只是单纯地感谢人、事、物。这让我不禁想起陈之藩先生说的："因为需要感谢的人太多了，就感谢天吧。"

在悦氏兄弟俩还很小的时候，我就要求他们吃饭前一定要说："我要开动了。"回家进门的时候要说："我回来了。"这两句日语很相似，悦生3岁时，常常一进家门就口齿不清地说："我要开动了。"

我曾开玩笑地问他："这位小朋友，请问你现在站在玄关这个地方，要开动吃什么东西呢，鞋子吗？"

[一定要吃早餐]

每天早上，我送然然去保育所上学时，绑着俏丽马尾辫的大岛老师总是笑眯眯地问然然："早上好！有没有吃得饱饱的呀？"之后，我到自己任教的学校时，一进校门，皮肤黝黑、年轻阳光的男老师问的也是："早上好，有没有吃早餐呀？"

生存力强大，孩子才强大：不一样的日本教养

日本人除了讲究餐桌上的规矩和礼貌外，还很循守正确的饮食习惯。日本人非常重视早餐，他们认为，早上不吃早餐，一天就没有活力。据说，吃早餐能给脑细胞提供动力、增强记忆力，会使人变得更聪明。学校教室的墙壁上，甚至洗手间处，都贴满了各式各样的倡导"食育"的海报，来强调早餐的重要性。

[丰盛的早餐]

常常有人很好奇地问我，日本人早餐都吃些什么？

我第一次在婆婆家过夜的时候，第二天一早醒来，桌上已经摆好了日本传统的早餐：米饭、烤鲑鱼、豆腐味噌汤、西红柿生菜沙拉、脆瓜、海苔、纳豆、哈密瓜。我公公婆婆几十年如一日重视早餐，几乎每天早晨都会摆上一桌丰盛的早餐。

日本的味噌汤比较咸，料也很少，通常就是一两块小小的豆腐和一小撮葱花儿，顶多再飘着一两片小小的海带，用漆碗或木碗盛着。我刚结婚时，想表现一下，放了很多料，用摔不破海碗盛着送给我老公，他喝下后没多说什么，只是委婉地表示想用盛味噌汤的碗来喝，这样才有感觉、有意境。

　　我婆婆会腌一种脆瓜，是利用乳酸菌让小黄瓜、红萝卜、白萝卜、茄子等发酵，医学理论认为吃发酵食物对身体很有益处。这种脆瓜口感脆脆的，很清爽，我很喜欢吃。我自己也常常腌制一些，但每次都以失败告终。

　　海苔很下饭，而且常吃头发会变得黑亮。纳豆是发酵过的黄豆，含有丰富的植物性蛋白质，一点儿不比牛肉差。日本人是世界上长寿的民族之一，这可能与他们每天早上吃丰富的传统日式早餐有很大关系。

[信奉营养至上的奶奶]

　　然然奶奶有个很特别的习惯，看到端上桌的食物，她就会分析一番，倒不是像行政主厨那样站出来讲解其烹调方式，而是客观地说明该食物的营养成分。例如："这是早上刚买的新鲜牛肉，是北海道产的，富含蛋白质。"

　　"然然，你的米饭没吃完，碳水化合物不够哦。"

　　"我们来吃一些草莓，补充一下维生素 C 吧。"

　　"悦生，把菠菜吃光，你身体里会有好多叶酸。"

　　只是有一点不同。吃冰冷的食物在中医里是大忌，但日本人似乎不太在意这件事。然然和悦生早晨起来后，奶奶就让他俩喝冰凉的养乐多补充水分。每天放学回家，也可以吃冰淇淋。我花了几年时间才说服奶奶，尽量不再让然然一大早就喝冰凉的饮料，也不知道是不是这个原因，然然常会咳嗽流鼻涕。

[学校的营养午餐]

我在日本学校教书时，中午和学生一起吃营养午餐。然然在上日本小学前，很兴奋又期待地问我，营养午餐吃什么？虽然我和然然不在一个学校，但有机会吃到同样的营养午餐。因为这片区域内的幼儿园、小学和中学的午餐，均由中央厨房供应。

吃营养午餐是老师和学生最开心的时刻了。每个月菜单一发下来，我就把它放在桌子上的玻璃板下边，每天早上都看一看，知道当天中午吃什么饭菜。通常是主食加两菜一汤和牛奶，还有沙拉。小学生的热量会控制在一餐 700 大卡上下。

小学的教室后面都贴着一张菜单，早上全班点完名后，值日生会告知当天的营养午餐是什么，使用的食材有哪些，含有哪几种营养成分，吃了对身体有什么好处，会摄取多少的盐分和热量等。

轮到帮忙分菜的那天，然然要穿上白色的配膳服，头上要戴三角巾。米饭是一盒一盒分装好的，发起来很方便。

主食除了大米饭，还有紫米饭、五谷饭、乌冬面、中华面、黑糖面包、牛奶面包、意大利面等。汤面是像超市那样一包一包装好的，打开包装，将袋中食品放入汤里即可食用。

日本各县市政府鼓励中央厨房使用自己生产的食材。筑波市因为离纳豆名产地水户很近，学校食堂偶尔会有纳豆这道菜，有些同学不敢吃，老师也不勉强，所以常常会剩下很多。餐后的水果也是偶尔才有，因为日本的水果价格高，而且在搬运过程中损耗大，不像盛产水果的台湾，几乎天天餐后都有水果。

学校每个月还会有"世界美食日"。如世足赛开赛前，就会让小朋友品尝巴西菜，认识巴西的饮食特色，这也是培养国际观的一种好方法。特别有趣的是，每月还有一天"点菜日"，学生可以写信给中央厨房，告诉营养师他想吃的东西。

生存力强大，孩子才强大：不一样的日本教养

[营养午餐的惊喜：吃冰淇淋]

哪个月预算有剩余的时候，午餐就会突然出现冰淇淋。然然说，午餐吃冰淇淋的时候，气氛比平常更欢乐，大家都吃得很高兴，不存在慢吞吞地吃或吃剩下的现象，真可谓是身心满足的一餐。然然把装冰淇淋的橘子造型容器带回家，意犹未尽地细说着午餐的情景，悦生在旁边听着，对小学生活充满了无限的向往。

[立法保障国民饮食质量]

民以食为天。食是生活的基本要素，是生命延续的能量所在。日本是人口最长寿的国家之一，近年来因饮食环境恶化，造成了许多严重的问题，如饮食习惯不正常、营养不均衡、身体肥胖、生活习惯病（糖尿病和高血压）高发等。在食品供应上，目前过度依赖国外进口。政府意识到，必须提高粮食的自给率，及时解决传统饮食文化被湮没的危机，严格管理食品安全等。

日本内政部 2005 年前就开始陆续修正相关法案，希望能

根据"食育基本法"，通过官方及民间的力量，大力推广"食育"全民运动。重点对象除了学生外，还包括孕妇和高龄人士。针对成长需求的不同，幼儿园、小学、中学的老师都被赋予了不同的教育义务；农林渔业的生产者也被规定了明确的指标，食品加工等企业也要履行自己的义务。政府希望借由良好正确的饮食习惯和知识，确保国民身体健康。

食品事关人民的健康和生命安全，政府相关部门恪守职责、严格把关，老百姓才能吃得放心、过得舒心。

第三章
学会放下：帮孩子建立起强大的内心

你感受到的就是我感受到的，你和我，是一体的。

20. 生存力——培养坚韧、勇敢、乐观的品格

我有过很多彷徨无助的时候：该怎么教育孩子？我要给他们什么？我希望然然和悦生将来能成为什么样的人？我常常在忙完了一天的工作后，待他们入睡时，反省自己，今天做的事情对与否？

教育的目的到底是什么？考上一流的学校？在一流的企业上班，光耀门楣？这些听起来都不错。经过反复思考，我最终还是希望然然和悦生首先要具有坚韧的生命力、开朗乐观的人生态度。我无法陪伴他们走完人生之路，在未来的岁月里，我期待他们能够勇敢地面对人生的艰辛、挫折，以不屈不挠的精神，坚韧不拔的毅力，向生命的顶峰攀登。

生存力强大，孩子才强大：不一样的日本教养

我的同学、朋友中不乏医生、律师、台大高才生，留英或留美硕士、博士，他们从小到大成绩优异，事业一帆风顺，但结婚、生了小孩后，过的是一样平凡忙碌的生活，绚烂亮丽的过往只能深藏于内心的记忆之中。我赫然发现，即使拥有高学历，也不能像一个人有了游乐园的入园券，可以一玩到底，处处通行。

我现在才意识到，没必要总抢着当第一。第一并不能保障人生。在台北一所高级中学任教多年的好友晓霖说，在这所聚集了很多学校第一名的地方，没办法让每个人都当第一名。在人生的舞台上，聪慧的孩子应学会当配角，并甘之如饴，如此才能成为人生的胜利者。

每次看到优秀生跳楼，我都会难过得说不出话来。让我最难以释怀的不是他父母、师长的心情，而是想到这个孩子活着时，一定承受了巨大的痛苦和压力，他们缺乏的就是坚韧的生命力。

这几年，我在养育孩子的过程中渐渐领悟到，每天都健康快乐，才是父母对孩子们最大的人生愿望。假设有一天老天爷问我，他愿意赐给我的孩子们两个宝物，我要什么呢？我想，我的答案是不变的，一是健康，二是快乐。

[生存能力：跌倒后勇敢地站起来]

让我感到特别自豪的是，然然和悦生小时候，走路或玩耍时跌倒从来不哭。我发现，世事未泯的孩子对某些事情的反应，在很大程度上取决于父母的表情。然然跌倒后，我不知道伤势如何，担心得不得了，但我会克制住自己，装出一副若无其事的样子，温柔地说："啊，跌倒了，没关系，拍拍站起来。"

然然和悦生由此知道，原来这不算什么，不过疼一下而已，就像身上流汗后黏黏的不舒服一样，吹吹风就好了。他们本来快要掉下来的两颗泪珠很快就被风吹干了。

一次，然然跟爸爸在北海道石狩川的河堤练习骑自行车的时候，不小心摔得膝盖流血不止。先生打电话给我，让我请孩子的爷爷先准备好车子，一会儿送然然去医院，我和奶奶吓得心脏都快停止跳动了。

我赶紧跑到楼下，看到他们三个人推着自行车，若无其事地慢慢往回走。我先生表情镇定，面带微笑地对然然说："没关系的，只是伤了一点皮肉而已。爸爸小时候也常摔倒，虽然很疼，但可以忍耐，对吧！我们都是男生呀。"然然很勇敢，一滴眼泪都没掉。倒是跟在旁边的悦生显得很紧张。

小朋友的运动神经和平衡感还没有完全发达时，跌倒是不可避免的。我穿高跟鞋也偶尔会跌倒，重要的是，如何从一次次地跌倒中学会勇敢、漂亮地站起来。而且，人就是这么奇怪，越不想跌倒，就会摔得越惨。

[生存力：独立自主的能力]

然然和悦生从小跟着我在台湾、日本两地飞来飞去，我会用最简单的话解释出境坐飞机的顺序。还是老办法，把要做的事情编上号 1、2、3。

1. 办理登机手续。

2. 检查包和护照。

3. 找登机口。

然然认识的第一个英文单词是 Gate（登机口），这是坐飞机最重要、也是最后的一关。只要知道在几号 Gate 乘飞机，万一走丢了，也可以到这里会合。这是我在欧洲机场转机时，语言不通之下所累积的经验。我希望明年兄弟俩可以自己坐飞机回台湾。其实在日本，暑假期间有很多小学一年级的小朋友，自己乘飞机去外公外婆家。航空公司也会给予这些小朋友特殊的照顾，如在登机方面，比商务舱的贵宾还优先。

在台湾坐高铁、台铁的时候，我会不厌其烦地告诉哥俩，在哪里买票、怎么看时刻表、为什么会有南下和北上的月台等。有许多大人认为理所当然的事，其实孩子还是不懂。我认为让他们了解这些知识是基本而且必要的，因此尽量简要而有逻辑地向他们说明乘车的技巧、车站的动线。经过多次这番说明和训练后，我们去新加坡看赛车，在坐地铁的过程中，悦然和悦生的反应比我还快。

我希望然然和悦生不仅是聪明的学生，更是聪明的生活家，知道随时"用头脑想一想"，事情要按照什么样的顺序做，下一步要做什么，才会迅速、有效率，不会给别人带来麻烦。

[生存力：多尝试、增加生活的体验机会]

日本有一句谚语："因为孩子很可爱，得到我们的怜爱，所以要让他去旅行，扩展见闻。"让孩子从小多出去走走，旅行是最好的方式。

我很怕孩子痴迷于打游戏，所以常常带他们外出走走。刚好我先生也是喜欢到处旅行的人。以前只有然然时，我们常带他出国游玩。后来有了悦生，就很少出国了。其实，对于孩子来说，不必去很远的地方，生活中处处是体验。

然然和悦生喜欢沿着河堤骑自行车去附近的公园抓蚱蜢，或是跟爸爸踢足球、玩棒球、爬雪山看高原植物，或吹吹路旁的蒲公英，想让满地开满小黄花。

有时趴在路边的小桥上，听溪水流过的声音。下雨天穿着雨衣和雨鞋去散步、跳水坑。或是，写一封信放进信封，贴上邮票，再写好邮政编码和地址，寄给日本的奶奶。

日本"3·11"地震后不久，我带着悦然和悦生回到台湾，我先生被医生诊断患了癌症。他怕我担心没有在第一时间告诉我，也没告诉我公婆，一个人在日本接受治疗和手术。我知道我能为他做的，就是在台湾把两个孩子培养好，让他们快乐地生活。他是我见过的最坚强的人，从他身上，我懂得了什么是坚韧的生命力，什么是生存力。

21. 妈妈要学会放下——相信孩子，相信自己

然然是我的第一个孩子，家里人都视其为掌上明珠，保护得很周到严密。我每天几乎 24 小时都处于高度警戒状态，弄得自己疲惫不堪。我有一位从小就很熟的男同学在法鼓山出家，他得知我因为带孩子压力很大，情绪起起伏伏的，好心地告诉我要"放下"。

当时，我一点儿都听不下去，还很不客气地说："你又没当过妈妈，你不会了解当妈妈的心情和苦处，你一点都不懂，才会说好听的风凉话。"

他平静而幽默地回答我："对呀，我当不了'妈妈'，这辈子注定是没办法理解的。"

悦生出世之后，我渐渐学会放心、放手。说实话，其中一个很重要的原因是事情太多、太烦琐，让我不得不放手，结果很多事情水到渠成，一切都很顺利、顺心，一点儿都不费力，

也不费心。"老大照书养，老二照猪养"这句话的确是经典。

我们家的"猪小弟"悦生，很早就会自己拿汤匙吃酸奶，而且还不会弄脏桌子。在他幼小的心灵里，大概是觉得妈妈太忙，顾不上自己，自己要是不动手，就要饿很长时间。有一天，我无意中发现悦生开始在家里走来走去了。突然有一天，看到悦生自己拿筷子把一碗米饭吃光了。他整天笑眯眯的，很有人缘，是个开心的孩子。

从悦生身上，我慢慢地领悟到，世上并非什么事都那么严重。悦生像上天派来的小天使，告诉我，要放下，没有必要样样都争第一。什么事情不一定都要做到最好、最完美，不完美也可以很快乐。孩子比我们想象的坚强得多。自己的心情放松了，周围的气氛倒变缓和了，孩子的学习过程反而更顺利。也许我们当妈妈的真的需要"放下"，不仅是为了孩子，也是为了自己。

[推动孩子的力量是信心，不是担心]

我在日本的家附近有个平衡木，然然 3 岁的时候，每次我和他散步经过那里时，他就要尝试上去走一走。我怕他会跌下来，一直担心地叮嘱他："小心，小心，不要跌倒。"结果，话刚说完，他就失去平衡跌倒了。

　　后来有个星期天，我去超市买东西，然然和他爸爸练习走平衡木。他小心翼翼地走在平衡木上，我在超市门口看得心惊胆战，而我老公竟然在一旁低头玩手机，我跑过去准备冲他发火："你有没有在看小孩呀？"

　　然然刚好走完最后一步，很得意地"咚"的一声从平衡木上跳下来，跑过来对我说："妈妈我成功了！我终于成功了！"

我仿佛受到一记当头棒喝，把要说的话又吞回去了。从这件事上我总结出：推动孩子的力量是信心，而不是担心。

[日本不流行骂小孩]

在台湾，我去美容院美容，大家得知我先生是日本人，异口同声地问我："日本的妈妈好像都很温柔，很少骂孩子，是吗?"

的确，日本妈妈说话声小，温柔又有耐心，孩子因为从小耳濡目染，说话也是轻声细语。日本妈妈很少在公共场合大声斥责孩子，因为这样做会给别人带来困扰，违反了日本的品格教育的一大原则，即处处替别人着想。想想，如果一对情侣到餐厅约会，看到隔壁桌的妈妈在生气，骂完孩子，顺便再骂一副事不关己样子的老公，气氛一定很难浪漫起来。

对于上述情景，我倒是发现了一个好处，就是可以狐假虎威。碰到这种情景，我会用日文对兄弟俩说："你看你看，隔壁的妈妈在生气了。"这招非常有用，因为他们俩从小到大很少看到旁人生气时大声说话的样子，顿时吓得目瞪口呆，一句话都不敢多说，饭菜也会吃得干干净净。

[用夸奖代替责备]

日本有句家喻户晓的谚语："称赞使孩子成长。"用夸奖鼓励孩子成长，已被教育界奉为金玉良言。我后来之所以听从先生的建议，选择用夸奖代替责备，其缘由是充分认识到骂没有用，更不能动手打，因为孩子会模仿。然然两岁的时候，我记不起是为了什么事，生平第一次很生气地打了他的手，说："不听话，妈妈打你。"几个星期后，有一次我对他说不能再喝养乐多了。然然突然伸出小手拍打我的手背说："不给我，我打你。"当时如同遇到晴天霹雳一般，震惊不已，温顺的小孩子怎么会说出这么有威胁性的话。

我深深地反省自己，这是模仿我的结果。从此决心不再打孩子了。大人动手打孩子非但起不到任何作用，反而会让孩子误以为这是表达愤怒、解决问题的好方法，进而效仿，使人生陷入暴力倾向的泥淖。

我公公从我结婚到现在，一直和颜悦色，从来没管过我的任何事，也不随便发表意见，很尊重我的想法。唯一的一次是，我对然然太凶了，受到了公公严厉的批评。记得是在然然练钢琴的时候，我非常严厉且大声地指正他。公公说：
"妈妈应该是温柔的。妈妈的角色就是温暖的。"这虽说是老
式传统的说法，但仔细想想也不无道理，我应该学习放下，
无须执着。

22. 孩子的强大来自妈妈的态度——用夸奖代替责备

说得容易做到难。刚开始我也不太会使用"用夸奖代替责
备"的方法。肺都快气炸了，哪还有闲工夫冷静下来诚心诚意
地夸奖孩子一番呢？经过一些时日的摸索，观察然然日本幼儿
园老师的示范，我终于发现了几个独门招数：

[招数 1：睁眼说瞎话]

举例来说："然然，你这个'我'，还记得勾起来，好棒。
你的'门'写得好直，这个门地震了也一定不会倒下来。"其
实，他生字本上的"我"根本就忘记勾了，"门"也是斜的。
很神奇，他马上就知道哪里不对，很快纠正过来，并表示会牢

记在心，绝不再犯。

睁眼说瞎话的招数，用在吃饭太慢上也很有效。比如，他明明吃半个小时了，碗里还有三分之二的饭，我也得按捺住脾气说："哇，快吃完了，只剩下两口而已。"很神奇，然然会真的觉得只剩两口了，剩下的不到 3 分钟就吃光了。

[招数 2：故意装笨]

在孩子面前不要怕犯错，遇到问题答不上来就更好了，这样可以增强孩子的自信心。你看，连妈妈不知道的事情，我都知道，所以很有成就感。例如写"林"字时，其实两个木不一样大，部首的"木"要写得比较小。当然然告诉我这件事时，我还真的不知道，所以他非常得意。从此以后，他写汉字就会很注意大小结构，左右平衡。或许是因为这个原因，后来他学书法也能马上进入状态。

[招数 3：只看到好的]

我在日本学校教书时，第一次批改学生的模拟试题，日本老师教我把对的圈起来，然后算出得几分。这个方式和台湾截然不同，台湾是打 ×，错几题就扣几分。在日本"满江红"才是得高分的考卷。刚开始我觉得这只是算数习惯的不同，是用加法还是减法算成绩的问题，后来我发现这其实该归结于教育理念的不同。

我由此得到灵感，然然写生字或悦生练习阿拉伯数字拿给我看时，我只圈写得漂亮的，丑的我就"当作没看到"。写得最好看的还会圈成爱心或花朵。同时，我会征求他们的意见，投票选出写得最好看的字。因为小朋友们通常写到最后一行字时，就会开始乱写。有时候他们自己觉得好像不太漂亮，还会主动擦掉重写，字越写越端正。

尤其是悦生，从开始握笔学写字就被我"胡乱夸奖"。这个方法果真奏效，不论阿拉伯数字、注音、汉字或日文五十音，甚至英文字母，他都一笔一画，写得很整齐。写得不对的，我也不会说是"错的"，打 ××，而是让他仔细看看，比较一下，看哪里不一样，如同玩那种在两张相似的图上找不同之处的游戏。

悦生逐渐变得越来越喜欢读书写字，有时候笔顺不对，我就"当作没看到"，不让他擦掉重写。他知道感恩，知道因为我的宽容，才"侥幸逃过一劫"，因而心服口服，再写字时就注重笔顺了。

学会"放下"，睁眼说瞎话，错的当作没看见，学习气氛就会轻松愉快。日本脑神经科学家一再强调，在快乐的气氛中，大脑的记忆力会特别好。

[被"灌迷汤"的书法课]

然然的字写得很端正，一年级时，他的书法作品就通过了日本有关部门的鉴定，并获得铜奖。在台湾，他很幸运地参加了书法辅导班，得到很多书法名家的指导，他们都是书法高手、美展比赛的获奖者或学校的美术老师。然然是班里唯一的一个小孩，很受大家的宠爱，老师们经过他的座位时都会教他一下，夸奖他有天分。

然然因常常受到书法高手的夸奖，上书法课就成了他每周最喜欢的事。尽管不是儿童才艺课，没有糖果、饼干、集点卡等奖品，但是然然仍然学得很开心，总会很准时地说："我们去上书法课吧。"然然的书法水平也让我很惊讶，他才念一年级，除了大楷以外，还会写小楷，在九宫格的小小格子里，写出他认识的所有的汉字。他能专心致志地写一个多小时，写到手上、脸上全是墨汁。

[联络簿事件]

不知为什么，然然在学校联络簿上总是乱写一通，字体歪七扭八，常常忘记写日期。上日侨学校时这样，上台湾小学时还是这样。我提醒他时，他很爽快地答应改正，但过后还是一样。

我认为写得一手整齐的好字很重要，我先生却觉得无关紧要，大丈夫在小事上无须拘泥，他始终把联络簿之事看作鸡毛蒜皮的小事。

然然升上三年级时回到日本。我打开他的日本联络簿，发现他还真的"坚持原则"，中文换成日文也一样没有日期，字写得歪七扭八。

然然看到我在看他的联络簿，神情变得有点儿紧张。我深深地吸了一口气，满脸微笑地说："重写吧。"他很听话，立刻重写，不到3分钟就写完了，字写得和印刷体一样漂亮。我看后，感觉非常满意，签名并画了个笑脸。

原来对然然不需要讲大道理和发脾气，只要叫他重写就行了，3分钟就可以解决，顺便再练习一下，非常有建设性。不过第二天放学回来，联络簿上的字迹还是歪七扭八，而且故意跳到下一页写，想必是不想让其他同学看到重写的部分。

我还是如法炮制：深深地吸了两口气，满脸微笑地一边没话找话说："你明天要带长袖、长裤上着衣游泳课啊，我去把衣服找出来。"一边若无其事地说，"来，重写。"心里提醒自己：法鼓山的朋友教我要放下，不可动怒。教育毕竟是一条需要坚持而且长远的路。

第三天，然然拿着字写得端端正正的联络簿，高兴地对我说："今天第一次被老师盖了3个刻'赞'的印章！"

我很替然然高兴，也为自己高兴，并且很得意地在先生面前炫耀了一番。我当时想到原来然然并非故意不听话，也不是想和我作对，只因他和成年人一样，是个独立的个体，有自己的行为模式及个性。当受到他人的干涉时，就会产生逆反心理，对方越粗暴，他就越反抗，硬碰硬的结果只能是两败俱伤。当父母的唯有学会放下，孩子的前途才会更加海阔天空。

23. 少责备与有规律——我想当优雅的妈妈

优雅秘诀 1：不否定任何想法，给孩子留面子

成年人很反感被人指责，孩子也一样，有自尊心，要面子。大人被人否定时会觉得心里不舒服，我想孩子应该也是如此。然然有时候事情做得不对，我尽量不直接指出其错误之处，尤其是在把他视为英雄的弟弟面前，否则他会觉得很难为情。同样的，悦生也不想在自己的偶像面前被人责骂。

优雅秘诀 2：把责任推给老大

我家有个和补习名师一样厉害的"老师"——然然。教悦生学认数字和拼音，甚至算数的加法和如何看时钟，我怎么教也教不会，结果到然然那里"补习"一下，悦生就学会了。

对然然来说，这也是一个再好不过的训练了。自己会做某件事与教会别人做某件事，其性质是不一样的。只有学会融会贯通才有能力教别人。然然给悦生讲解加减的过程，也会增强自己对数字的思考能力和逻辑思维能力。为了让悦生听得懂，然然采用小朋友们特喜欢的表达方式——寓教于乐，比如做各种比喻等。悦生很喜欢然然的辅导方法，即彼此都处于角色扮演的情境中，很有趣，像在玩游戏一样。然然为此也颇有成就感。我也会夸奖然然："你比妈妈还厉害，悦生比较听你的话。"

最难能可贵的是，然然给悦生当老师时非常有耐心，从不生气，一次又一次地反复说明，比我还沉得住气。我请教他，为什么这么有办法？

他回答说："以前妈妈教我时一生气嗓门大了，我就听不清楚妈妈在说什么了。"

这句话似醍醐灌顶，原来我一直忽略了去倾听孩子内心的声音。由此我才真正意识到教养孩子应有爱心、耐心，生气是毫无用处的。

[反复学习效益倍增]

悦生很喜欢一组面包超人的拼图，因为经常玩，掌握了

163

一定的技巧，会利用颜色或形状去判断正确与否，从而越拼越快。我有时也和他一起拼，一人轮流拼一片；然然有时和他一起玩计时挑战赛。我发现拼图这种玩具，只需要买一组，符合孩子的智商程度即可，让他反复拼，学习效果反而更好。

在某些方面我是个喜新厌旧的人，喜欢变化创新的事物。我以为孩子也和我一样，就绞尽脑汁变换新花样，激发他们学习的兴趣。其实不然，孩子喜欢自己熟悉的东西，一个破旧的熊宝宝可以玩很久，一本书可以看很多遍，一张DVD可以看几十次，一首歌可以听几个月。

我有一位朋友是专门研究儿童及青少年心理的医师。她到我家做客时，看到然然目不转睛地、反复地看一张日本巧虎的DVD，便告诉我，孩子需要熟悉带来的安心感，而安心感会奠定学习的信心。我听了恍然大悟，而且暗自窃喜，那真是好事，不用老花钱买新东西了。

["饥饿营销" 与 "限定发售" 的吸引力]

我最近再次验证了 "饥饿营销" 的吸引力。之前雷神巧克力走俏台湾市场时，数量有限，新闻节目还播出了大卖场抢购的场面。

等到我从日本特地带回台湾买不到的"雷神"时，"雷神"又变成滞销品了，即使将它摆放在结账柜台处最显眼的地方，也无人问津。

我一直相信饥饿会让人产生渴望的力量，套用在学习上，也是适用的。我小时候非常爱看书，但那时儿童书不多，每本都会看许多遍。无书可看时，就翻阅姐姐书柜上厚厚的文学名著。但是，等到自己长大有能力买书的时候，看书的兴致却淡化了，书柜上有好几本书从来都是摆样子的。我觉得书不在于买多少，重要的是要认真地看。我有时甚至会故意吊一下兄弟俩的胃口，他们想要的书不马上买，让他们在渴望的心态中滋生对书的珍惜感。

[规律的生活节奏：排序 1、2、3 号]

孩子的奶奶非常重视孩子过有规律的生活。我也发现，如果孩子养成了在同一时间做同样事情的习惯，脑部发育会更健全，家长也会轻松很多。我常常帮悦生把需要做的事排序为1、2、3号。比如早上起床：1. 尿尿，2. 刷牙，3. 换衣服。每

生存力强大，孩子才强大：不一样的日本教养

天晚上一到 8 点整，正在加班的孩子爸爸就会打来电话道晚安，并询问两个孩子是否睡觉了。我为了营造气氛，让悦然和悦生在手机上选了一首歌，设定晚上 8 点准时开唱，听到这首歌就知道该睡觉了。和孩子一起共同设定某件事很重要，表明此事是经双方同意的，而不是妈妈一手拍板决定的，前后两者的意义及情愿度就会迥然不同。养成习惯后，不用大人催促，他们自然而然地就会准时上床睡觉。

课余时间也一样的。我规定然然放学回家后，就是 1. 洗手，2. 写功课，3. 收拾书包。然后就可以随便玩，玩到心满意足为止。我强调"应该要做的事先做"，这样玩起来才痛快，才能真正地玩够。否则，边玩边想着还有作业没写，明天要准备什么东西，就会玩得不尽兴。星期五放学后，我让然然完成所有的作业，并准备好星期一上学要用的东西，然后就让他自由地去玩了。我亦伏案专心写稿，不再牵挂孩子的事情。

[建立成就感，量少才刚好]

我给然然和悦生留的功课不多，让他们觉得一会儿工夫就能完成，所以叫他们去写功课的时候，他们从不抗拒，反正几

分钟就写完了。有时候他们心血来潮还会主动地往下一页写。我留的功课虽然量少，但质量要求高，必须全部正确。

我让然然知道，与其写错了擦掉再写，还不如认真专心、力求一次全部写对。橡皮擦是捣蛋鬼，最好不要用它。它会让你既浪费时间，又会把作业本弄得脏脏的，有时还会弄破纸。持续练习最重要，尤其是算数，每天固定算 25 道题，可以轻松地完成，这比偶尔一天算 100 道题，算到孩子哭鼻子、大人生气更有效率。

[告别狼狈的我]

记得有一次回到台湾，语文老师毓秀来看我。回去之前，她拍拍我的肩膀说："庆玉加油，你狼狈的日子很快就会过去了。"

我愣了一下，赶紧到镜子前仔细看看自己，明明化妆了啊，怎么会看起来狼狈不堪？我分析后觉得，毓秀老师说我狼狈的原因可能是我的过度执着，没办法放下，我常常被两个孩子弄得疲惫不堪。此后，我真的学会了放下，给自己留出很多时间，生活的步调变得轻快起来了，狼狈的日子也与我远去了。

24. 兄弟间的竞争——妈妈不是我一个人的了

我怀孕的时候，一直很关心我的高中语文老师毓秀特地送了我一本龙应台女士写的，讲述中德混血儿子成长故事的书《孩子，你慢慢来》，还有摇滚巴赫（Swing Bach）的德国实况音乐会 CD，让我作为胎教资料带回日本，学习并掌握让孩子不忘中文的方法。

书中写到，当作者生下老二的时候，有一天老大突然问她，是自己鼻子眼睛不好看，还是自己变得不可爱了，为什么来家里做客的人，只是说弟弟好可爱呢？

我读到这里感觉非常震撼，从此再去别人家看新生婴儿的时候，除了给新生儿带去礼物，还会多准备一份给哥哥或姐姐的礼物，而且一定要先拿给年龄长的孩子。如此一来，当哥哥姐姐的才不会有失落感，不会觉得不再被爱了。

我生下悦生时，然然这个当哥哥的虽然没说什么，但心里可能也会觉得有点儿委屈、不适应。原本玩具都是他自己的，现在却要和弟弟两个人玩；爸爸妈妈以前只照顾他，现在却要分出一半的时间抱着弟弟。

啊！这是我刚出生的弟弟

　　悦生因为一生下来就什么事情都被安排好了，一旦得到全部的时候，就会格外地开心。悦生很会察言观色，看到哥哥因为做某件事被教训一顿后，就清楚地知道那是不能做的事。

生存力强大，孩子才强大：不一样的日本教养

[大的不用让小的]

我从不对然然说"你比较大，要让着悦生"，我会说"要轮流"，这样彼此都不会萌生对对方的敌意。

不过有时面临非选择不可的情况时，我会根据长幼有序的原则，说："然然是哥哥，就先选吧！"这时然然十有八九会说："悦生你要哪一个？"

再大一点，他还会给弟弟建议："悦生，我觉得这个红色很好看。"

悦生也会很顺从地说："真的啊，那我要红色。"

兄友弟恭，让当妈妈的我很欣慰。

[不介入两个男生之间的战争]

说到当两个儿子的妈妈，唯有当过的人才知道个中辛苦。相信有两个孩子的家长都会认同我的观点：辛苦是翻番的。两个孩子一天到晚闹来闹去，我通常不会当调停者，判定谁对谁不对，而是各自"打五十大板"。不过说实在的，兄弟俩和和乐乐玩耍，有时候确实很可爱，此刻当妈妈的我就可以轻松、悠闲地喝杯咖啡，直到两个人再吵起来为止。

要当一个公平的妈妈，实在是非常劳心劳力。兄弟俩打来闹去，很难判定谁是谁非。还在他俩很小的时候，我和先生就统一了思想，并统一行动，一律不介入。首先向他俩声明"想玩就不许哭，要哭就别玩"；还规定谁也不许打对方的头和脸，打身上的其他地方可以不计较。悦生比较小，不懂事，打闹时总是使尽全力。然然则不然，他虽然比较高大，但知道轻重，很少还手。

我常常当着然然的面，故意对我朋友说，其实都是悦生在打他，他很乖从不还手，即使还手使的也是三分力。我想让然然知道，其实妈妈很清楚谁做了什么，让他觉得世上是有正义的。我希望他能一生都保持一颗善良的心。我也尽量不在悦生面前说然然，那会让他很丢面子的。

然然即使被惹急了，也从不动手打悦生，总是把气出在别的地方，比如大发脾气摔东西。此时我会对他说："你这么做很不划算。本来是悦生不对，我正准备教训他呢，你一发脾气，我只能掉过矛头指向你了。"

有一次，在然然最喜欢的纸黏土课上，一位调皮的同学一直故意撞倒他的黏土作品，还嘲笑他。然然生气地把自己的黏土作品摔到地上，老师把那不成形的作品拿到教学参观日展出后，我一看到那个作品，就知道发生了什么事。后来我告诉然然，不要拿别人的过错来惩罚自己，而且生闷气对身体健康有害。

[分享，一起玩才玩得爽]

我的朋友，凡是家里有两个小孩的，相同的东西都要买两份，这样才不会闹意见、起纠纷。我很少买两份，就是为了让悦然和悦生从小养成与他人分享的习惯。

譬如在台湾时，偶尔在星期五的晚上，我们三个人会在房间里举行 Party，买一些平常禁吃的零食。可乐只买一罐，如果买两罐，就不能买薯片。说明白点，就是有两种选择：买两罐同样的可乐，或买一罐可乐和一包薯片。孩子往往是选择后者。我会拿这个事例告诉孩子，这就是分享的好处，可以享受两种不同的快乐。买玩具也同样如此，买不一样的才可以玩两种。只要在购买之前约定好了，就不会出现孩子耍赖的恼人场面。

[分开的正面效应]

　　我是在台湾生下悦生的，坐完月子才回到日本。记得赴台湾生产前，想到要和两岁半的然然分开一个多月，心中有许多不舍。我很期待再相会的那一天，不知道那时他会有多高兴，一定会叽里呱啦地诉说他在这个月里发生的所有事情，以及新买的玩具之类。

　　从台湾回到日本家里时已是傍晚了，然然等了很久，后来实在太困就睡着了。我轻轻地摇醒他说："我是妈妈，我回来了。"他睁开双眼看着我，一句话都没说，两行眼泪静静地流了下来。然然的无语和泪水让我愣住了，此时无声胜有声，我紧紧把他抱在怀里。

　　这段时间，因为我不在家，然然变得非常独立。他能认真地学写五十音[1]，和爸爸说，要让自己变得很厉害，吓我一跳。对我而言，在台湾这段时间，我的心态慢慢趋向平和。后来每当要发脾气时，就想起然然那两行清泪，气立刻就消了不少。

　　然然与我的第二次分开，是他要先回到日本上小学三年级，

---

[1]　日语的假名中最基础的是五十个清音，称为"五十音"

要照相了，你坐好

我还不会坐呢

妈，弟弟不会坐，要滑下去了

而我则和悦生继续待在台湾，等待他从幼儿园毕业。分开那天的情景，特别是然然那两行热泪，是我一辈子也忘不了的。

那天，在高铁车站，小小的然然站在爸爸身后，乘着长长的手扶梯往上走，不断地回头看着越来越远的我，一只手擦着泪水。

最依依不舍的是悦生。突然间，哥哥不再和他玩游戏、画画了，想想心里就难受。然然一直是他的偶像、最好的玩伴，哥哥怎么做，他就怎么做。哥俩分开的那段时间，悦生也变得安静沉默了。

[一对一的相处时间]

与然然暂时分开是一个痛苦但明智的抉择。我可以全身心地照顾悦生，在没有了"妈妈偏心不公平"的顾虑后，我可以毫不保留地夸奖他。悦生受到夸奖，高兴得不得了，学习的欲望也愈来愈强烈，一下子就写好几行拼音字母；临睡前还边读简单的故事书，边认字。

作为二胎的悦生，出生后，所有的一切都必须和哥哥分享，没有独享的机会。现在妈妈终于是自己一个人的了，坐车时没有人跟他抢着坐在前面，那里成为专属于他的"宝座"了。悦生对于生活中理所当然的事，都变得更加感恩，更加珍惜自己在台湾的快乐生活。

然然除了在抵达日本的当天晚上大哭了一次之后，此后每天不再伤心难过。在日本和爸爸、奶奶住在一起，得到的关注和爱也不再是二分之一。因为没有悦生跟他争东抢西，然然的情绪也变得沉稳了许多，天天都是笑眯眯的。每天视频时，兄弟俩也不会吵吵闹闹，当然，想打也打不着对方，只是很兴奋地聊他们小男生之间的话题，并约定下次见面时一起玩什么。

虽然当初不得已而让兄弟俩分开，但很意外，这样反而好处多多，兄弟俩的感情变得更好了。也许兄弟俩感情好与否，与他们从小看到的父母的态度和处理事情的方式有关。看到悦然和悦生开心地一起骑自行车、抓蜻蜓，精力充沛地在小山坡上赛跑的样子，我相信他们俩一定会终生感情和睦，成为人生路上相互扶持的好伙伴。

25. 学习两种语言——混血儿双语教育的挑战 1

[多年的烦恼：然然说不好中文]

我大学是学语言的，对那些从小处在多国语言环境中的孩子有说不出的羡慕。要会说双语，除非有适宜的环境，否则还真难说得流利。

然然从出生后就一直住在日本，小小的单眼皮和酒窝，和他爸爸简直是一个模子刻出来的。悦生虽然长得比较像台湾的小朋友，但还是很像爸爸。

当时，我周围的亲戚、朋友、同学、邻居，都很严肃地向我交代："长得不像台湾人没关系，但是一定要让他会说中文，不能只会说日语。"我当然很清楚说中文的必要性，生完然然后的 5 年，在日本的那段时间，我的脑袋里随时闪着警示灯："说中文，说中文。"我自认为很努力，把心思都放在了然然学中文上，但结果还是令人失望，他几乎只会说"不要、谢谢、你好"。

我反复地思考，寻找原因，或许是因为我先生听不懂中文，和孩子对话只用日语，很少听到他们用中文对话。例如，我会刻意地用中文问然然："你今天在学校玩什么了？"他听得懂我的问题，但是不知道如何用中文回答，所以只好用熟悉的日语回答我，而我也不自觉地自动切换成日语，一下子就被他拉过去了。等我察觉自己也在说日语时，就很懊恼，心想又失败了。

我从台湾带了一堆中文故事书，如附 CD 的故事集、《伊索寓言》《三字经》《弟子规》；每个月还订购台湾版巧虎，希望然然每个月收到包裹时，兴奋的心情可以激发出他学习中文的兴趣，然而，尽管我如此用心良苦，成效仍然不佳。

[看哪个语言的 DVD]

我衡量的标准是"语言接触率"，也就是在台湾看日文 DVD，在日本看中文 DVD。在日本，环境语言是日语，电视也是日语，所以我规定家里不能看日文的 DVD，只能看讲中文的卡通或英文的托马斯小火车。在这件事上，我和先生看法很不一致。他认为孩子日文不够好，应先把基础打好。我则认为孩子的中文接触率小，坚持要采用中文模式，甚至让孩子多听其他国的语言，以训练耳朵的敏感度，把握语言的黄金学习期，因为成年人的听力敏感性和孩子的是不同的。日语中没有的卷舌音，英文中的气音 S 和 T，对日本人来说发音都特别困难，很吃力，发不出音来。我大学时选修西班牙文，永远学不会弹舌。虽然在日本有许多外国朋友说西班牙文和俄文，我常常听，但还是学不会。

回到台湾时，环境语言是中文，我就要切换到日语模式，跟悦然和悦生说日语。DVD 就要看日文的，电视一定准时收看 NHK 的幼儿节目。我曾买过一套樱桃小丸子的 DVD，发现是中文配音，二话不说，马上放进行李箱。讲中文的小丸子只能在日本看。

[日本汉字的 "混乱"]

然然上三年级时，转回日本读书。我很担心他能否适应环境。我先生说，班上有三分之一的孩子是保育所毕业的。老师也对我说，悦然适应得不错。

学校也聘请了日语指导老师，每个礼拜辅导悦然和另一个从美国回来的小朋友学习日语。在日本，从海外归国的子女特别多，为了让他们尽快跟上课程进度，即使是公立学校，也会安排一位专门指导日语的老师。

老师告诉我，然然在写汉字时，有时会出现混乱的情况。虽然字相同，但日本汉字的写法和中文的繁体字不同。例如学校的"學"和"学"，画图的"畫"和"画"，算数的"數"和"数"，等等，日本的汉字写法笔画比较少。

我很明确地告诉老师，悦然在日本就必须遵从正确的汉字写法，但是这无关"对或错"，而是学习语言的地域不同。通常，在纠正的过程中，一般我不会说"然然你写错了"，而是说："你写成中文字了。"为了让他搞清两个字的写法哪里不一样，我会运用游戏的方法，如在两个相似图中找不同。

[然然写的书]

我鼓励然然把两个字相比较后得出的结论，告诉那位中文比儿子还差的爸爸，或分享给日本老师和同学。后来，然然还写了一本 20 页的"书"，把这些字的中日写法对照出来，加上插图。他说书名叫"你知道吗，这个字的中文怎么写?"还分成了好几集。

日本汉字的古字，经过简化演变成现今所使用的字体。然然很得意地考同学，老鹰的"鹰"汉字怎么写? 在日本，因为鹰的笔画太复杂，所以通常只用假名"たか"。偶尔写台湾生字练习簿时，我会请然然在旁边写上日语的读法和写法，通过比较，加深印象。我发现小孩对双语记忆其实并不会混乱，只要大人在引导的过程中，清楚明确地比较出之间的差异就可以了。

[大脑自动切换语言]

然然跟爸爸说日语，跟我说中文，他会根据说话对象而让大脑自动转换，从来不会混乱。连九九乘法，他也会先看看是台湾还是日本的测验卷，再决定选择用哪种语言计算。就像我们在高雄菜市场买东西，很自然地会跟卖菜的老太太说闽南语；到超市大卖场时就会自然而然地说起普通话。

对有两个混血儿子的我来说，双语教育不是一条平坦的路。一个最重要而有意义的挑战就是，让悦然和悦生对台湾与日本都有认同感。

26. 训练国际观——混血儿双语教育的挑战2

2011 年日本"3·11"地震的时候，我带着悦然和悦生连夜直奔机场，逃难似地回到台湾。回到外婆家，兄弟俩却几乎都不会说中文。我什么行李都没带，身上只有护照和机票。

因为不想把不安和忧虑传递给孩子，我对他们说，是临时决定回台湾玩玩的。

人生地不熟，周围的人讲话又听不懂，常在一起玩的日本小朋友也不在，甚至吃的饭、喝的水味道也和日本不一样，我可以察觉到他们心中隐隐的不安。

[营造熟悉的日语生活环境]

第二天，我到专卖日本物品的裕毛屋采购了一大堆日本产的酱油、饼干、荞麦面等。

悦生在台湾也能看到 NHK 的节目，只有在这个时候，我才能感觉得到他那如鱼得水似的心境，只见他开心地跟着电视哼唱他熟悉的歌曲。那阵子我最感恩的就是会说一口流利日语的伟乔学姐邀请我们去她家玩，用日语和兄弟俩聊天，陪他们看日文绘本。我的学姐秀子和学妹静喆也在第一时间，特地南下带来日语小叮当的 DVD 和一系列宫崎骏的卡通。我也到玩具城大手笔地买了好几组玩具，为他们全方位地营造熟悉的日语氛围。

一个月过后，辐射的隐忧仍在，于是我辞掉教育局的工作，决定让要升大班的悦然和快 3 岁的悦生在台湾再待一些日子。

[终于会说中文了]

神奇的事情发生了，原本两个人都不太会说中文，但是在短短的几个月内，哥俩几乎可以用全中文与人沟通交流了。看来语言真的需要环境的熏陶，尤其是小孩子，他们在适宜的环境中学习语言的进度之快，真是到了令人艳羡的程度。我多年来期盼的事情终于出现了。虽然契机是悲怆的，但老天爷还是眷顾我的。

生存力强大，孩子才强大：不一样的日本教养

[建立对新环境的喜爱和认同]

学习他国语言进步快不快，关键在于喜不喜欢、有没有兴趣学。对身为台湾人的我来说，除了让悦然和悦生学会说中文，还要让兄弟俩对台湾有认同感。

我平常会带哥俩逛逛一中街的文具店，和一些商品齐全的便利店。我们几乎每周都到科博馆报到，看恐龙展览，做科学实验，然后去麦当劳兑换免费的小薯条。我们还常去美术馆看绘本，或四处跑一跑，再去在春水堂当店长的舅妈家吃些东西。

先生来台湾时，我们就一起带着对旅游痴迷的悦然和悦生出远门。坐台铁去彰化看大佛，坐高铁去高雄义大世界，去阿里山搭小火车看日出云海，到台北坐地铁去 101 大楼，到我大学同学位于六十几楼的办公室吃冰淇淋；去木栅动物园看熊猫，顺道让我读大学时的老师认识一下台日混血兄弟俩；跟悦生幼儿园的同学祥太一家，坐飞机去澎湖看海、玩沙、烤肉；还一起去采草莓、摘荔枝、看萤火虫。当然，不能错过小朋友最爱的游乐园，如丽宝乐园、马拉湾、六福村、小人国等。

最开心的应该是我先生了，从学生时代认识我至今已十几年了，来台湾将近 20 次，可以说，从未在台湾好好地"观光"过。这段时间，托两个孩子的福可以游遍台湾，为此他感到非常幸运并且乐不可支。

对两个孩子来说，台湾真是太棒了！在潜移默化中，他们基本的中文沟通能力很快就没有问题了。因为对环境十分喜爱，所以学语言也非常尽力，常常会聚精会神地听别人在说什么，以便知道哪里还有好玩的地方。

[在台湾看电影学英文、日文、中文]

我小时候，父亲上班的银行经营了 3 家电影院和游乐场，所以我经常看电影，几乎到了天天看的地步。也由此认识了很多汉字，学英文的时候，也被老师夸奖"语感"还不错。

我相信大量的影像和文字会刺激大脑，所以经常带着悦然和悦生看电影。基本上只要有适合的儿童电影，我一定不会错过。

看日语原音的《航海王》电影时，两个小孩看得很投入，许多日本人才能看懂的地方，只有他们两个人会"咯咯"地笑

185

个不停，周围的观众羡慕不已。

后来看迪士尼《玩具总动员》时，因为是英语原音，我观察到，当时小学一年级的悦然觉得自己看不懂，但是悦生完全入迷，没有什么懂不懂的抱怨。

我恍然大悟，对小小孩来说，即使是母语，也不能百分之百地听得懂，所以中文、日文、英文，看什么都是差不多的，而且基本上卡通片的故事情节不会太复杂，语言仅是其中的一部分，小孩可以从动作或画面上自己去推理了解。当然要比平常更加专心才可以，这也可以说是轻松间接地培养专注力和外语能力的一个妙招。

[悦耳的中文对话]

看到自己的孩子终于会说母语了，欣慰的心情自不必言。比起他们以前唱那些我没听过的日本儿歌，听到他们唱中文儿歌，更觉得亲近，样子也格外可爱。

然然上学一个月后，从学校回到家里就会念诵："悦生的心情我了解，看到辣妹流鼻血，看到半夜 12 点，发现作业还没写。"

我听了不禁哈哈大笑，虽知这首打油诗的内容不太合适，但还是十分激动。万事开头难，有了好的开端，接下来就是回到日本之后，持续不间断地下功夫了。

现在，然然可以自己读中文的故事书，学校 400 字的阅读测验也可以轻松答对。兄弟俩的对话也几乎都用中文，听起来真是"悦耳"。不过，回到北海道时还是被爷爷抱怨了一番："他们两个在讲什么呀？听不懂，还真是让人有点儿寂寞。"

悦生的国际观

台湾的电视有三四个动画频道，而且每天 24 小时播放，悦生常常把着遥控器不放，我根本没有看其他节目的机会。我想换台看看新闻，只好游说他："你看新闻很好玩啊。"然后用他能听懂的简单语言，讲述新闻的内容，再加上节目中常常会出现他喜欢的车子、飞机、高铁等东西的画面，悦生渐渐地对新闻感兴趣了。

生存力强大，孩子才强大：不一样的日本教养

　　天气预报的卫星云图中动来动去的云朵，也很吸引悦生的眼球，因为可以预知周末会不会下雨。要是下雨，他就有机会穿上他心爱的黄色雨鞋和小青蛙雨衣。有一次新闻节目中报道台风带来的大雨把车都冲走了。他很好奇，车为什么会浮起来？然后就跑去看我贴在墙上的台湾观光地图，或去转转书桌前的地球仪，想知道这是在什么地方发生的事。

　　我在浴室里贴了一张画着各国国旗的防水海报，悦生也会在上面寻找刚在新闻里看到的国家在哪里，它的国旗是什么样子的。伦敦奥运会开幕的时候，他看到了许多国家的人，长得都跟自己不一样。他很兴奋地发现，原来地球上除了中国人、日本人，还有……

　　俄罗斯冬季奥运会时，悦生特别喜欢看滑雪比赛，大概是选手滑的速度太快了，就像动画片里的角色一样。他和爸爸很兴奋地约定，半夜一起爬起来观看日本选手上村爱子参加比赛的实况转播。悦生还告诉我，因为时差的关系，比赛在当地的白天进行，但是他必须半夜起床。

悦生从小就喜欢车子，看 F1 比赛时比我还专注

27. 贴心、包容与保护——幼吾幼以及人之幼

[贴心的亲子餐厅]

日本有很多所谓的亲子餐厅，顾名思义，是专门让父母和孩子团聚会餐，度过欢乐时光的地方。那里的餐具设计得很可爱，连桌上的餐巾纸都画着画，还有玩迷宫之类的游戏，菜单也都是

符合小朋友口味的餐点。总之各项贴心的设计都是为了让小朋友安静下来，使父母可以好好地吃顿饭。最主要的还是价钱合理。

身为"贪吃鬼"的我，常带悦氏兄弟俩到餐厅吃饭。店员很亲切地搬出小朋友的椅子和专用的可爱餐具。儿童餐用的就是画着新干线或飞机的餐盘，里面有小朋友喜欢的炸虾、汉堡、薯条、饭团、意大利肉酱面，还有果汁、冰淇淋等甜点。

最吸引孩子的是，店员还会拿出一篮子玩具，让小朋友自己选一个带回家。虽然每家店的儿童餐大同小异，但然然和悦生就是吃不腻，去任何地方都想要点儿童餐，主要是为了得到店家赠送的玩具。

[替别人着想，社会容忍度高]

整体来讲，日本社会对孩子的容忍度比较高。我们家的邻居及周围的人见到悦然和悦生都很亲热，尤其是买东西的时候，店员都会笑眯眯地对哥俩说几句话："真是乖巧聪明的孩子。"他们简单的一句话，让我在带孩子的过程中，减少了许多精神上的压力。

我观察到一件有趣的事：在日本的饭店，偶尔有小孩闹腾，店员不会出面制止，隔壁桌的客人也很友好，只是吃自己的饭，就当什么也没看见。也许是整个餐厅安静的气氛，让孩子觉得自己的举止很突兀，马上就变乖了。

[坐电车的乖宝宝]

我常带悦然和悦生坐很长时间的电车去旅行。兄弟俩从小到大和睦相处，很少吵架。在此，我把自己的经验分享给大家：

第一，我会选择最前面的一节车厢，让他们能看到驾驶员开车的样子，还有窗外前方的轨道。若是一般的座位，可以让他们脱掉鞋子，站在座位上欣赏外面的风光景色。这样，他们就不会因无聊而闹腾。

第二，指点他们四处观察。如看电车内的广告："哇，那瓶新饮料看起来很好喝。""那栋大厦看起来很酷，真想住在里面。"

第三，出门时，我通常会让他们带一两个小玩具，这时就可以派上用场了。

[小孩金牌]

虽然带孩子很辛苦，但是很多时候借悦然和悦生的光，还享受到不少待遇呢。我和先生这样说的时候，他也表示认同。

带着孩子旅行坐飞机，可以享受特殊的待遇。悦生很喜欢飞机，也很崇拜飞行员。每次坐飞机遇到机长时，机长都会停下来摸摸他的头，送他几片贴纸。

悦生 3 岁时，有一次和爸爸坐飞机商务舱回日本。外国机长得知悦生爸爸有飞行员执照，会开飞机，就邀请悦生进驾驶舱坐一会儿。看到波音 747 驾驶舱的内部设置后，悦生兴奋得不得了，向我叙述时语无伦次。或许这件事会成为他一辈子最难忘的回忆之一。

[同理心]

我很了解当妈妈的心情和辛苦。当孩子吵闹时，往往是边生气边担心。担心引起旁人的反感与指责，眼光不敢与人相对，怕被人白眼以待。

也许是将心比心，我遇到面对孩子吵闹却束手无策的妈妈时，都会报以微笑，对她说没关系，不要在意，希望能减轻一点儿她心理上的压力。

很多时候，小朋友突然听到有陌生人和自己的妈妈说话，会因为好奇而转移注意力，安静下来，不再哭闹。

["110号、小朋友的家"社区人士共同保护学童]

日本的很多商店，都会在玻璃窗上贴一个"110番、子供の家"（110号，小朋友的家）的贴纸或在门口插一面旗。孩子在上学的路上，如遇到意外需要帮助的时候，就会走进有这个标志的店家寻求帮忙。

这是日本国家警察署及各县市志工组成的守望相助队的创意之举，极大地体现了"幼吾幼以及人之幼"的精神。让父母和老师放心，也减少了许多犯罪的机会。日本各地还有小小的派出所，里面的警察对小朋友非常和善，随时随地保护孩子的安全。

[为孩子创造优质的艺术人文气息]

在日本时，有一次美术老师告诉我，在法国的学校，如果班级学生想临摹学习某一幅名画，不用看美术课本上的图片，直接写信给美术馆，馆方就会把那幅画寄到学校，他们非常重视培养孩子的艺术鉴赏力。法国人相信，在美术的领域里，欣赏真迹与欣赏印刷出来的照片有天壤之别。如同光看料理的照片和真正品尝料理的味道一样，所得到的感官体验截然不同。难怪法国的艺术成就和美学鉴赏能力居世界领先地位，引领着设计、时尚、建筑、美食等各领域的风潮。整个欧洲人文荟萃，其艺术的教养依赖于社会大环境潜移默化的熏染，并非单纯靠个人的画画技巧或弹钢琴的能力。融入生活的艺术，才是真正的艺术。

我喜欢旅行，到每个国家都会参观美术馆。并非对绘画美术特别有研究，只是很喜欢美术馆里的气氛，在那里能感受色彩，感受历史，感受创作者的心路历程，猜想他们想表达的情绪。虽然有时语言不通，但很少觉得拘谨不自在。

28. 没有寒暑假——在日本当老师不轻松

在日本广告界工作了 10 年后，我受聘于日本筑波市教育局，指导中小学的英语教育。筑波市的学力测验成绩，年年排名全国前三名，是有名的教育特区。

第三章　学会放下：帮孩子建立起强大的内心

我在初中的教师办公室有固定座位，每天从早到晚和学生一起作息。除了初中一年级到三年级的课程外，还要访问附近学区的两三个小学。每 3 个月轮换一组学区，共任教过全市 10 多所中学及 30 多所小学，也就是说全市小学五年级到中学三年级的孩子，都应该上过我的课。这其中，有市中心的升学竞争学校，有国外研究人员的子女集中的国际学校，也有山上风景秀丽的自然学校及学生走田间小路上学的农家学校。我接触到了不同学校的不同风气，也深入观察体验了各个学校的老师和学生。

最令我惊讶和失望的是，日本的老师没有寒暑假。虽然不用在学生的暑期内辅导他们，但老师还得去学校忙东忙西。学期内，每天一大早就要站在校门口，迎接学生上学，即使在严寒的冬天也不例外。傍晚学生回家时，还要站在校门口一一道再见。

[有情有义的日本学生]

我从日本的教育工作中所得到的经验非常宝贵，除了观察、比较中日两国的教育理念和模式之外，与日本学生朝夕相处的经历，更是值得我铭记于心的一份回忆。我家里有一个大箱子，里面放的全都是学生送给我的信件和小礼物，如手绘的信件、纸鹤、图画等。每离开一个学校，师生都难分难舍。常常让我惊喜的是，在学生们举办的送别会上，全班会合唱一首歌送给我。

记得有个特别顽皮的五年级孩子，在数个星期之后被我感化，并和我成了好朋友。我上最后一堂课的时候，他装作一副满不在乎的样子，送给我一个海贼王的钥匙圈。我接过他送的礼物，看到了他眼中还有一丝丝的不舍。

当老师虽然劳心，但对个人、对社会而言，它是一份最有意义的工作，每天看到的是具有无限潜能的孩子们一步步地成长，而不是单调、枯燥的销售数字。小朋友们纯真的情谊，让旅居异乡的我，得到很大的精神慰藉。我想这些孩子可能会因为我而认识台湾，喜欢台湾；毋庸置疑，我也因为他们而更喜欢日本。

[全世界工时最长的老师]

我的同事都是晚上七八点才回家，也就是说日本老师每天工作超过 12 个小时。经济协力开发机构的一个国际性调查资料表明，日本老师每周平均工作时间为 53.9 个小时，是全世界工时最长的老师，而且没有加班费，甚至周末、假日，以及学生球队或部活动要来学校练习，老师还要到校指导。

[重视体育，老师也一起动]

曾经有个很资深的校长和我聊天时说过，日本老师如果没有指导"部活动"的义务，会轻松不少。部活动是什么呢？日本除了体育课之外，几乎每个学生以及老师，不分男女，都要选一个球队或一种运动项目，有网球、棒球、足球、排球、篮球、桌球、田径和剑道。目的是除了提高球技、训练体力之外，也要培养运动员精神。

每一两个月就会有校际比赛，接着就是县市比赛、地区大赛、全国大赛，各校师生都铆足了劲儿，积极参与。赛前，学校还会召开动员大会，为即将出征的选手加油打气。

选手的训练活动非常频繁，每天清晨 7 点上课前、下午 4 点放学后，周末和寒暑假都要到学校训练，训练离不开老师的监督指导，因此日本的老师是没有寒暑假的。

即使是每个人每天早晚都扎扎实实地训练，上体育课时仍

生存力强大，孩子才强大：不一样的日本教养

须一如既往。一到夏天，时常会看到帅气的体育老师穿着短裤，拿着一把长刷，在烈日下挥汗如雨地刷洗游泳池。新的教育纲领还规定，学校要安排学生上传统武术课，包括剑道、柔道等。因此，体育老师还会换上剑道服，赤脚拿着木剑，在武术馆与学生们共同苦练搏杀之技。

[值得借鉴的教改经验]

我认为，在日本的义务教育里，最值得借鉴的就是对学生体质的培养，对运动的重视。日本教育部规定，自 20 世纪 60 年代开始，从小学一年级就进行"体力测验"，一直持续记录到高中。教育的目的除了向学生传授知识之外，还要打造学生强健的体魄。强健的体魄为学习知识和生活、工作，都提供了基本的保障。台湾在讨论教改时，除了针对学科内容外，也把加大体育活动力度和强化食育思维作为了主要议题。

在学校加大体育活动的力度，能发掘更多有潜力的体育选手，站上世界的舞台。在日本，最开心的就是看到日本媒体报道阳岱钢、曾雅妮、卢彦勋等中国台北杰出选手获得让人眼前一亮的成绩。在亚运会上，看到中国台北选手走上金牌领奖台

时神情振奋，感到无比的骄傲与自豪。

2020 年奥运会将在日本举行。日本是亚洲的国家之一，从某种意义上说，这次奥运会，也是亚洲的一次体育盛会，希望能在奥运会中看到中国台北选手再展雄姿，获得佳绩。

[全世界都有的"日本人学校"]

在日本当老师，每隔几年就会调换学校。校长则是两年一调换。不像我在台湾念小学的时候，校长一当就是好几十年。日本老师如果不想在国内任教，还可以申请调到海外的日侨学校。

然然在台湾从小学一年级开始读日侨学校。令我惊讶的是，这所学校几乎和我待过的日本当地学校一模一样，从硬件的教室、设备、课本甚至用具，到软件的教学活动都如出一辙。

日侨学校占地面积较大，但位置较偏远，大部分学生是坐校车上学。每天早上校车一到，所有的老师都会一字排开，站在车门口处，迎接学生，面露微笑地打招呼"早上好"。这项仪式，使每个老师很快地记住了全校从小学一年级到中学三年级每个学生的名字。

生存力强大，孩子才强大：不一样的日本教养

[为什么要在全世界设立"日本人学校"]

世界各地有近100所日本人学校，教学内容几乎一模一样，其他国家很少有一致性这么高的庞大完整的外侨学校系统。为了维持同构型，教科书都是由日本文部省直接寄送到海外的日侨学校，校长和老师也都是从国内的中小学选派的，纯日式教学。也就是说，世界各地的日本小学生，不管在哪一个国家，只要选择念日侨学校，就是一样背着双肩书包，学习一样的课文，考一样的测验。学校也会尽全力安排日本传统的节日活动，像夏日祭典等，让孩子即使在国外也有同样的节日体验。

每年4月，约有400名日本老师被分配到世界各地的日侨学校。教师是在前一年经过自我申请，有关部门严格面试筛选出来的，均为成绩优异的人才。为秉持教育平等的理念，老师在申请时不能要求到哪所学校，被选派的老师，有可能赴任米兰、巴黎、纽约、悉尼、开罗、曼谷任教，也有可能赴肯尼亚、俄罗斯、墨西哥任教。听说埃及开罗的日侨学校，马拉松项目内容是绕金字塔跑一圈，在沙特阿拉伯的日本小朋友，远

足是去沙漠骑骆驼。但是，课堂上还是一样学あいうえお[1]，期末话剧演"桃太郎的故事"。

虽然教科书是日本"原装进口"的，但是学校会在教科书规定的课程之外，积极安排其他活动，让孩子们从中了解当地的社会文化，融入当地的社会。这些从小在国外长大的孩子，对语言文化的吸收非常迅速，拥有特殊的生活和语言经验，是日本未来的精英人才。他们拥有宽广的胸襟，活跃于贸易、外交等各领域，在国际大舞台上绽放着光彩。

日本教育改革的最新动向

台湾近几年来，教育改革成了最热门的话题。除了借鉴北欧一些先进国家的理念及做法外，也会参考日本的做法，因为日本的地理文化背景和台湾相似，也很有参考价值。鉴于学生学习能力较低的现状，日本文部科学省在 2011 年大幅修改了最高教育指导纲领，"新学习指导要领"是规范幼儿园到高中的教育宪法。

---

[1]　这 5 个是假名发音，相当于汉语拼音里的 a、o、e、i、u、ü。

生存力强大，孩子才强大：不一样的日本教养

新的教改纲领最核心的理念是，培养学生坚韧的生命力，也可以解释为生存能力，即在变化万千、竞争激烈的社会中所需要的能力。为什么定"生存能力"为教改理念呢？

背景是现今的世界变化多端，我们无法给孩子一个一成不变的答案或解决方法。孩子最需要的是自己能发现课题，并自发学习，主动思考判断，不断提升解决问题的能力。

为了让孩子将来能在社会上顺利地生存下去，就要培养孩子成为一个独立个体，最基本的就是要有扎实的知识、敦厚的人性和健康的身体。

具体教改实施内容如下：

1. 加深学校的授课内容和增加上课时数。

2. 培养孩子敦厚的人性和自律心，能规范自己的行为并能够与他人平和地沟通协调，处处替别人着想。

3. 欣赏世间万物而心存感动。

资料来源：日本文部省。

后记

　　我是一个很喜欢睡觉的人，在写书的过程中，最痛苦的事莫过于半夜还要挣扎着爬起来写稿。我的原则是，他们白天在家时，尽量以他们为重心，放弃写稿。其实白天脑袋里思路不清晰，写出来的也不尽如人意，而且笔记本电脑的文档一定不能开，有时我明明记得，刚才这里有一段文字，怎么转眼就不见了……而且电脑不能合起来，悦然和悦生都曾经不小心用手压坏了我的屏幕。

　　我出书的目的之一，是希望让然然和悦生知道，他们每天在学校很努力地读书，妈妈在家里也很努力地写书，我们都具有一起奋斗、同舟共济的精神。然然放学后会关心地问我："妈妈今天写到哪里了？写了什么样的故事？"悦生则会直接问道："妈妈你写到第几页了呀？"

　　他们喜欢模仿我写书，而且很有创意。他们用 A4 纸对折订起来，全彩，中、日、英文，附图，出书速度比我还快。常常在我抢时间赶稿时，然然睡觉前对我说："等一下你还要起来写书吗？那我陪你，要叫我。"我希望他们能以"台湾的妈妈"为荣，喜欢台湾，在不久的将来，中文水平达到能看懂妈妈写的书的程度。

我能顺利地写完这部书，除了要感谢老天爷的保佑外，还要感谢很多朋友、同学的大力支持和鼓励，其中有小学同学张文的一路陪伴；中学同学兼好友 Shirley（雪莉）总是在我意志消沉时鼓励我、鞭策我，给了我极大的信心和力量；高中同学邱绮律师随时为我提供有关法律及其他方面的咨询；大学学姐逸筠犀利的分析为我指点迷津，她那专业的摄影照片更为我这本书添加了真实、生动的影像资料。

最后谢谢全力支持我，帮我带小孩让我能专心写书的爸爸和家人。

我想起自己怀然然时，有一次在妈妈教室，医生把瑜伽教室的灯光调暗，放出音乐，让所有的孕妇躺在自己先生的大腿上。他朗诵了一首诗，内容是一位即将出生的小宝宝对他爸爸妈妈说的话。我听后感动得热泪直流，把我先生的裤子润湿了一片。

　　这首诗，当初给了我很大的勇气去面对生产的不安。过了几年后，现在面临育儿的种种挫折，心力交瘁的时候，再一次阅读这首诗，让我找回了当时的悸动和喜悦。

　　谨把这首诗献给和我一样在育儿中奋斗的爸爸妈妈们。

　　各位亲爱的爸爸和妈妈，大家都辛苦了！

　　今天，让我们放轻松下来，一起加油吧！

　　我选择你的理由（节录）

　　（鲛岛浩二，主妇之友社出版）

　　爸爸、妈妈，请让我这样称呼你们。

　　看到你们相依相守的恩爱模样，我下定决心要降临到这世上。

　　因为我觉得，你们一定可以让我有个多彩多姿的人生。

　　要从这洁净无瑕的世界降临到人世间，是需要勇气的。

　　我有朋友对人世间的生活感到不安，中途就回来了。

　　也有被拒绝，一路哭着回来的朋友。

　　爸爸，接受我的那一天，你已经想不起来了吧？

彼此渴望、结合在一起的那一天。

天长地久的强烈爱意，吸引我前来的那一天。

你忽然预感会有"新生命"降临的那一天。

是的，那一天，我选择了你。

妈妈，你还记得知道有我的那一天吗？

你感到不知所措。

你感到一阵不安。

然后，你欣喜地接受了我。

你心中一瞬间的转变，我记得很清楚。

你害喜难受不已，但想到我，你鼓励自己要撑过去。

你承受不了我的重量，怪自己真没用。

这些事，我都记得好清楚。

妈妈，你和我是一体的。

你开心欢笑时，我感到充满幸福。

你生气悲伤时，我感到不安来袭。

你休息放松时，我感到阵阵睡意。

你感受到的就是我感受到的，你和我，是一体的。

妈妈，你为我所做的努力，我绝对不会忘记的。

连你喜欢的咖啡也很少喝了吧！

面对美食的诱惑，你真的很努力地去抗拒了。

为了我常去散步，告诉我这人世间有多美好。

所有的努力都是为了我。我真的以你为荣。

妈妈，你的期待如此之大，让我有点儿不安。

我来到世上的第一天，你会如何迎接我呢？

我的长相会不会让你失望？

我的性格会不会使你叹息？

我的一切，都是上天和你们赐给我的礼物。

我欣然接受了。

因为我相信，这样的我，一定是最受宠爱的。

妈妈，再过不久就可以跟你见面了。

想到那一天，我就欣喜不已。

我会鼓励你的。

我会照你的意思转动身体。

我会照你所想象的出生。

我非常爱你，相信你。

爸爸、妈妈，请让我这样称呼你们。

看到你们相依相守的恩爱模样，我下定决心要降临到这世上。

因为我觉得，你们一定可以让我有个多彩多姿的人生。

爸爸、妈妈，现在我觉得，我的选择是正确的。

我选择了你们。

然然、悦生，谢谢你们选择了我。